普通高等教育“十三五”规划教材

转换创新思维　开辟创业途径

HULIANWANG CHUANGYE GUANLI

互联网创业管理

苗 苗　刘 鑫　黄晓波　宾勇刚 ◎ 主编

西南交通大学出版社
•成都•

图书在版编目（C I P）数据

互联网创业管理 / 苗苗等主编. —成都：西南交通大学出版社，2017.9（2018.4 重印）

ISBN 978-7-5643-5783-2

Ⅰ. ①互… Ⅱ. ①苗… Ⅲ. ①互联网络－应用－创业－高等学校－教材 Ⅳ. ①F241.4-39

中国版本图书馆 CIP 数据核字（2017）第 233907 号

互联网创业管理

主编　苗　苗　刘　鑫　黄晓波　宾勇刚

责任编辑	罗爱林
助理编辑	王　硕
封面设计	严春艳
出版发行	西南交通大学出版社 （四川省成都市二环路北一段 111 号 西南交通大学创新大厦 21 楼）
发行部电话	028-87600564　028-87600533
邮政编码	610031
网　　址	http://www.xnjdcbs.com
印　　刷	四川森林印务有限责任公司
成品尺寸	170 mm × 230 mm
印　　张	12.25
字　　数	213 千
版　　次	2017 年 9 月第 1 版
印　　次	2018 年 4 月第 2 次
书　　号	ISBN 978-7-5643-5783-2
定　　价	29.80 元

课件咨询电话：028-87600533

目 录

1　互联网创业

本章重难点

【本章重点】

创业是创业者对自己拥有的资源或通过努力对能够拥有的资源进行优化整合，从而创造出更大经济或社会价值的过程。

互联网创业是指依托于互联网，通过互联网平台进行的一种市场营销行为。

互联网创业具有大数据分析、成本低廉、前景广阔等发展优势。

互联网创业与普通创业相比主要具有海量数据基础优势。

实物商品交易、广告、交易平台、收取费用、免费增值、信息买卖是互联网创业的基本商业模式。

【本章难点】

创业是一个由无到有、由小到大、由简到繁、由旧到新的创造过程。

创业者能够利用互联网迅速地掌握市场信息，准确地迎合客户需求，快速积极地进行反馈和调整。

互联网创业模式越来越多样化，利润来源渠道越来越广，商业模式越来越多元而非单一。

1.1　创业的概念

“创业”，在《新华词典》里定义为开创事业。“创”，动词，开创、创造之意。“业”，篆文像古代乐器架子横木上的大板，上面刻有锯齿，以便悬挂钟、鼓等乐器，后引申为所从事的学业、事业、职业、行业、就业、产业、创业、工作等。“创业”是创字当头，业为基础。这就意味着任何一项事业都是一个由无到有、由小到大、由简到繁、由旧到新的创造过程。

科尔（Cole）（1965）把创业定义为：发起、维持和发展以利润为导向的企业的有目的性的行为。根据杰夫里·提蒙斯（Jeffry A.Timmons）所著的创业教育领域的经典教科书《创业创造》（*New Venture Creation*）的定义：创业是一种思考、推理结合运气的行为方式，它为运气带来的机会所驱动，需要在方法上全盘考虑并拥有和谐的领导能力。

综上所述，创业可以理解为：创业是创业者对自己拥有的资源或通过努力对能够拥有的资源进行优化整合，从而创造出更大的经济或社会价值的过程。创业是一种劳动方式，是一种需要创业者运营、组织、运用服务、技术、器物作业的思考、推理和判断的行为，它为机会所驱动，需要创业者在方法上全盘考虑并拥有和谐的领导能力。创业是一种需要创业者贡献出时间、付出努力，承担相应的财务的、精神的和社会的风险，并以获得金钱回报、个人满足和独立自主为目的的社会行为。创业是一个人发现了某个商机并加以实际行动转化为具体的社会形态，获得利益，实现价值的过程。美国哈佛大学教授史蒂文森（Stevenson.H）提出了比较典型的创业定义，他把创业解释为在不拘泥于资源约束的前提下，追逐机会并创造价值的过程。

1.2 互联网创业的概念

1994 年我国支持建设了 CERNET 示范网工程，即中国第一个全国性 TCP/IP 互联网开始，到 2016 年为止，在这 22 年的风雨兼程中，中国互联网从无到有、从有到兴，其发展态势大好。随着互联网的高速发展，移动互联网设备的广泛普及，人民的生活水平逐渐提高，购物方式逐渐从线下转为线上，种种改变反映出时代变化如此迅速，如此与众不同，让人们的生活发生了翻天覆地的变化，而互联网创业就是在这样的变化的潮流中孕育出来的产物。

尽管互联网创业早在 2000 年就出现在一些期刊或杂志中，但是，那时的文章只是用“网络创业”这个词描述当时通过网络进行创业的现象，对于互联网的具体内涵和特征尚无人研究。而直到近些年来，互联网创业逐渐成为一种新型的创业模式而被理论界、实业界以及政界所关注，才陆续有人对其概念和特征进行界定。

互联网创业是指依托于互联网，通过互联网平台进行的一种市场营销行为。它打破了地域的限制，能够在全国甚至是全球广泛地进行贸易活动。在网络开放的今天，互联网创业基于服务器等应用形式，买卖双方可以不谋面地进行各种商业贸易活动，实现消费者足不出户就可购物的购物体验，商户之间不需会面洽谈的交易合作以及线上支付的新型模式。与传统的创业相比，互联网创业限制更少，更加快捷。其具有以下几个特点：

（1）大量可以使用的数据。互联网是世界上最开放的计算机网络，任何一台计算机都可以通过连接互联网，达到信息等资源的共享。这意味着创业者能更加迅速地掌握市场信息，准确地迎合客户需求，快速积极地进行反馈和调整。这也意味着，在技术与经济高度发展的今天，能够掌握信息技术以及商务规则的双重人才，如果能够正确系统的运用好电子工具，才能高效且低成本地完成以商品交换为中心的各种活动，成为互联网行业的佼佼者。同时，互联网的沟通将会逐渐展示其交互式的特点，相比于之前客户与企业之间存在的相差较大且不平等的沟通，在互联网上两者则能进行平等的信息交换。例如以前客户可以通过多种渠道了解企业信息，但是企业却无法准确地得到客户信息。而在互联网创业中，例如淘宝，将客户浏览的商品信息向客户进行特定推送，商品介绍之中添加了评论功能，更加的人性化，就像是私人定制一般。

（2）成本低廉。在互联网的发展之下，搜集客户信息的成本在不断地降低。之前传统的信息收集方式多采用问卷式、电话式和面谈式，这三种方式得到的信息不仅有较大的误差，而且成本高、效率低。以问卷调查为例，成本高且问卷回收率低，同时，问卷发放也具有地区或者人群取向的限制，很难准确地得到最终结果。而如今，随着互联网的发展，建立数据库对特定客户进行特殊服务成为可能，客户能在互联网上进行反馈，企业能在互联网上对于客户的反馈进行回应，迎合其偏好，服务更加精准，搜集客户信息的成本不再那么难。而且从现在互联网创业的主体——电子商务来看，没有地域、场地的限制，不用缴纳高昂的门市和各类税收费用，使创业的成本降低。

（3）市场前景广阔。互联网发展的时间不过短短22年，线上支付以及线上交易的不断发展已经取得了初步的成果，人们逐渐接受了这种新型的支付方式以及购物方式，但是如何在现有的情况之下进一步发展，例如如何加强线上支付的保密性以及线上购物的安全性、提高正品保障率等。互联网创业尚处于前期阶段，正如一个襁褓中的婴儿，拥有很大的发展空间。网络的瞬息万变使互联网创业也在不断地变化，产业模式也会不断地进行着适应调整，如何能够正确地进行市场开拓将会成为互联网创业中无法忽略的大问题。电子商务将会是线下市场在互联网上的延伸。例如福建沙县的庄老师办了自考书店，经过省自考办批准并下发文件，同意其进行网络卖书试点。该网站采用 asp 网络编程技术，网络访客可以在线订购书，并有虚拟购物车以方便其购买更多的书。访客下了订单后，可以通过邮局汇款、建行“速汇通”等渠道支付货款。书店在收到货款后，将书寄出并在网站的留言板上公布寄书情况（这个也是一种文告，让访客知道有不少人买书）。同时该网站也知道经商的窍门，在顾客购买了一本书后赠送其一张这门课的试卷（以吸引回头客）。由于网络经商采用寄送方式，邮寄书的成本都是由访客支付的，其利润还是比较高的。

而随着互联网的发展，互联网创业不再需要很高的信息技术支持，其创业门槛大大降低。除了自己建立网站这种方式以外，也可以依靠一些大型网站平台进行下一级应用的开展，例如依靠淘宝、闲鱼等大型电子商务网站开设自己的店铺进行创业，这也是现代互联网创业之中小成本创业的普遍形式。

在互联网创业、就业政策的享受方面，根据《关于进一步完善创业扶持政策意见的通知》等文件规定，互联网创业企业享受创业者社会保险补贴、创业带动就业岗位补贴、创业场租补贴、中小微企业新招用高校毕业生社保补贴、小额担保贷款贴息、创业培训补助等创业扶持政策。对未经工商注册登记从事网络创业经营并通过网上交易平台实名注册登记的，按上级部门有关规定，经人力社保、财政部门审核认定，可参照享受网络创业扶持政策。

从以上内容不难发现，互联网创业除了自身的优势以外，其外部环境也十分乐观，互联网创业有望抢占传统创业比例，成为未来一段时间的主流创业方式。

除却互联网自身的优势以外，现今良好的外部环境也表明互联网将成为未来企业不可或缺的工具之一。

21 世纪的今天，我们正处于人类社会历史上最伟大的革命——第五次信息技术革命的漩涡之中，以计算机数据处理和新一代通信技术结合的信息革命，正如火如荼地进行着，随之而来的是超越以往任何时期的，可方便为人使用的海量信息。“大数据分析”“云计算”等词语不断进入人们的视线，并在社会中发挥着举足轻重的作用。身处这样的环境中，互联网创业与以往普通的创业模式相比，不仅有了新的创业形式，也有了独特的优势。

优势一：海量信息为创业的起步提供支持。

互联网即时搜索的便捷性，在创业的初期就给创业者提供技术上的指导，据调查显示，仅在网易平台的公开课上，就提供了创业课程 300 节，创业类系列课程 50 个系列，创业视频 225 个，创业策划公开课 11 节等。21 世纪的创业者们，无需苦苦思索自我寻找创业的要领方法，只需在搜索引擎上动动手指，就可足不出户地了解创业初期的基本安排。

同时，新创企业需要各类资源来保证生存和发展，其中资金是最重要的资源之一，海量的信息也为创业者提供了投资方面的支持，除了通过网络就可查找到大量投资公司的信息，避免了创业者在创业初期毫无头绪地四处奔走筹资的时间浪费，也为创业者提供了更多可选条件，有针对性地选择比较合适于自己的投资者，化被动为主动。而互联网也提供另外一种筹资模式。目前，除风险投资和其他传统的融资渠道外，通过互联网众筹来获取投资已经成为一种重要途径，并且发展十分迅速。"众筹"这一概念来源于小额信贷和众包的组合，代表了一种新型的、基于互联网的资金筹措方式，并在许多领域已经成为融资的主要方式。简单来说就是通过互联网让大家一起来帮助你筹集资金，或者其他物质资源的一种筹措方式，物资资源包括资金、股权、产品等。众筹也使自己的想法得到公开检验，得到人们的捐助证明自己的创业想法是有价值，也会赢得一批自己的追随者，同时参与众筹的人们也会对项目进行监督，促进项目的完成。这些都是在创业初期，互联网的海量信息为创业者提供的优势。

优势二：海量信息"大数据"明确互联网创业方向。

随着云时代的来临，大数据也吸引了越来越多的关注，进入 2012 年，"大数据"一词被越来越多地提及，人们用它来描述和定义信息爆炸时代产生的海量数据，并命名与之相关的技术发展与创新。一分钟之内，新浪微博发送数万条微博，苹果应用商店下载次数以万计，百度产生了百万次搜索查询……所有这些行为都由海量的数据来呈现。而根据市场调研公司 IDC 的报告，全球信息总量每过两年就会增长一倍，2011 年全球产生的数据总量为 1.8ZB（1ZB 约为百万 PB），相比 2010 年增长了 1ZB，相当于全球历史数据总和。数据已经渗透进人们生活的方方面面，而大数据在互联网创业中的作用，就更可谓是举足轻重了。谈到营销，相信大数据帮助尿布和啤酒的营销例子大多数人已经非常熟悉，大数据的作用体现在互联网创业营销的各个方面。中国最大的电子商务平台阿里巴巴，就利用了大数据准确地抓住了消费者。有数据显示，每一天上网高峰期主要集中在中午 12 点之后和晚上的 12 点之前。研究人员发现，出现这种"怪现象"的原因是因为现代人普遍睡觉前都会有上网的习惯，于是有些淘宝商家就利用消费者这种"强迫症"在晚上 12 点进行促销秒杀活动，带动销量的倍增。这个小故事就是对历史数据进行挖掘的结果，反映的是数据层面的规律，它通过从大量的数据系统中提取、整合有价值的数据，进而实现从数据到知识、从信息到知识、从知识到利润的转化。数据，已经渗透到当今每一个行业和业务智能领域，成为重要的生产因素。数据库的组织结构以网状为主，复杂多变，程序和数据间你中有我，我中有你，彼此产生强烈的依赖性。用通俗的话来说就是，数据库和程序之间连在一起，彼此交缠。我们对于这种数据规律的挖掘和运用，实质上也是为了精准营销做铺垫。

优势三：海量信息为互联网创业打响了“信息战”。

我国古代兵法家孙子曾说过：“知己知彼，百战不殆。”这句话放在如今的创业中也同样合适，互联网创业要成功或更快发展肯定离不开各种资源的整合，特别是行业资源、媒体资源、互联网业界资源等。百度日处理数据量达到数十PB，并呈现高速增长的态势。如果一张光盘容量为1GB，这相当于垒在一起的几千万张光盘。短短的18个月，中国移动互联网流量增加了10倍。中国工程院院士邬贺铨说，随着社交网络的逐渐成熟、移动带宽迅速提升，更多的传感设备、移动终端接入网络，产生的数据及其增长速度比历史上任何时期都要多，互联网上的数据流量正在迅猛增长。接触信息面的增多就为创业者提供了更多认识他人和了解定位自我的接触面，因此海量的信息为互联网创业提供了更多了解和整合资源的机会，为互联网创业的成功提供保障。

1.3 互联网创业的类型

从德国工业4.0到我国的大众创新万众创业不难看出，此次互联网创业是一次新的机遇。前世界经济论坛主席克劳斯施瓦布也认为，世界在随着互联网创业的普及进入第四次工业革命。那么在创业的洪流之中，怎样不会被五花八门的信息冲昏了头脑，正确地选择互联网创业的类型呢?

（1）认清自身的优势，根据自己所能掌握的能力，选择自己的创业方向。如擅长并有机会掌握货物渠道的可以选择渠道类网络创业；擅长创新发明的可以走产品设计的网络创业；有资源对接能力的人可以走广告方面；拥有产品优势，而没有技术支持的创业者可以选择依靠大型的网络平台来进行产品的销售；拥有技术支持而没有商品的创业者则可以选择通过提供平台的方式进行盈利。互联网不是使各种行业各种部分分裂，而恰恰是对生产销售各个环节的资源整合，从而达到利润的最大化，效率更高，成本更低。认清自身的优势才能在人才辈出的互联网创业之中找到自己的一席之地，发挥自己最大的能力。

（2）根据产品的类型及拥有资源确定互联网创业的商业模式。在选择好自己的创业方向之后，则应当思考自己的盈利模式，根据自己的产品类型以及技术支持，明确自己的利润来源，选择是否能使用这样的模式。是从客户直接收取费用，还是通过向企业收取费用来获取利润？思考利润来源以后，才能进一步地缩小范围。确定利润来源之后，根据经营产品的种类选择是实物商品交易还是信息交易或者服务交易，不断地进行市场细分，选定合适的商业模式。

（3）根据产品优势确定客户群体。多年以前，我们评价一个产品的好坏，经常会说其使用范围广、适用人群多，但是随着生产力的不断提高，人民生活水平不断提升，劳动分工越来越细化及专业化，人们对于产品的期待会越来越细致，而不是越来越粗糙。以牙膏为例，当我们需要牙齿美白的时候，我们会想到高露洁，当我们需要防止牙酸的时候，我们会想到冷酸灵……人们的问题随着时代的发展将期待更为专业化的解决，根据产品的优势选择客户群体，不仅仅是简化了自己的内部构架，也是整合了资源发展自己的优势项目。

除了这三点以外，还有别的因素制约着我们的选择，但是唯一不变的是，我们需要认清自我，认清客户，认清市场，才能有的放矢，做到知己知彼百战不殆。

1.4　互联网创业的商业模式

泰莫斯定义的商业模式是指，一个完整的产品、服务和信息流体系，包括每一个参与者和其在其中起到的作用，以及每一个参与者的潜在利益以及相应的收益来源和方式，构成赚钱的这些服务以及产品的整个体系。

互联网的发展为互联网创业提供了一个摇篮，各种商业模式在其中不断地发展，根据其经营产品和服务的不同总结为以下几种商业模式：

（1）实物商品的商业模式。在经济活动之中，公司的主营业务有多种，例如信息、服务以及实物商品。如果该公司的主营业务是销售实物商品，消费者在交易之后能够获得商品的使用权和所有权，例如家电等，那么这种商业模式即为实物商品商业模式。在这种模式之下，根据分工的类型，分为生产商、销售商以及两者整合三种情况，例如淘宝里面的各种店铺商家采用的均是这样的商业模式。这种商业模式的好处在于，它与线下商业模式极为相似，仅仅只是销售方式的改变，使得销售更加的快速以及便利，并且各公司可以经营自己擅长的业务，提高了效率。

（2）广告。如今各种自媒体的经济来源基本依靠广告的植入，例如各类直播软件、微信公众号的“软文”（编者注：网络词，指网络上某些带有广告性质的文章）推送。互联网的一个特征为大部分信息免费，导致支撑其运营的经济收入大部分来自于广告。例如在网站之中的弹窗广告和淘宝首页的商品展示等，通过其展示位置以及时间进行收费是目前常见的形式之一。

（3）交易平台。现阶段提供的平台主要分为实物交易平台和服务交易平台，除此之外还有沉淀资金模式。在实物交易平台中，通过将交易平台外包给实体商户的这种形式，获取利润。如淘宝向其店铺店主收取一定的费用，更像是将线下的收店租变成在互联网上收租的方式。而在服务交易平台中，其面对的商家对象主要向外提供服务来获得利润，如嘀嘀打车。沉淀资金模式与连接买卖双方的平台模式不同，它通过用户在平台上的留存资金自己投资赚取收益回报，如京东的白条服务以及支付宝的花呗服务。

（4）向用户收取费用。前三种商业模式主要是向企业即经营者收取利润，而还有一种模式为向用户直接收取费用，又分为按需收费模式、定期收费模式、附加收费模式。例如网络视频服务商爱奇艺，用户可以通过定期购买爱奇艺的会员，在一定时间内享受会员服务，也能按需购买付费电影。附加收费模式又称为“打印机模式”，指的是先以很便宜的价格卖给消费者一个基础性的设备，例如打印机，用户需要继续使用这个设备就必须为其他的配件支付较高的价格，例如纸张、墨油等。任天堂也使用这样的商业模式，以低价格卖出游戏机，再用高价格卖游戏光盘。以互联网为载体之后，向用户收取费用的商品大部分为数字资源。

（5）免费增值。通过一部分服务免费来吸引顾客，另一部分收费来创造利润，例如手机小游戏里面，日常任务大部分通过其本身免费的功能完成，但是特殊任务必须通过购买相应的功能才能完成。随着软件的进一步使用，用户会出于对该游戏的喜爱，而愿意为这部分功能买单。

（6）信息买卖。通过对信息的收集，向需要信息的平台贩卖用户信息或者自己使用信息来为自己创造收入。随着人们对线上企业的更多依赖，会产生更高的期待，也会更想获得私人化、人性化的服务，而如何掌握客户需求，就需要大量的客户信息进行支撑。在信息运用这一方面，最为典型的例子就是淘宝，通过客户经常浏览的内容对客户的喜好以及需求有了大致的判断以及细致的分析之后，向客户不定时地精确发送商品信息，刺激消费者消费，从而增加自己的收入。

从上述的总结来看，现在的互联网创业模式越来越多样化，利润来源渠道越来越广，商业模式越来越多元而非单一。以爱奇艺为例，其商业模式不仅仅只是单一的商业模式的运行，多个商业模式的整合共同组成了现在爱奇艺的盈利模式，如其“VIP 会员”的设置，需要某项特殊服务的客户需要自己支付购买资源的价格，这就是向用户收取费用的商业模式。同时，爱奇艺提供了基础的影像资源，使大部分的人能够享受基本资源，在需要付费资源的时候能够自主选择，是免费增值的商业模式。

多个商业模式的融合不是无序且无用的，恰恰相反的是，通过整合各种商业模式，拓宽了企业的经济来源渠道，丰富了企业提供的服务，增强企业竞争力，而在瞬息万变的互联网环境中，企业只有不断地完善自己的商业模式，才有可能屹立不倒。

【案例阅读】

苍溪人炽热心，扎根本土富民生

作为土生土长的苍溪人，在电商飞速发展的今天，他们也在努力，在拼搏，在成长。

苍溪超悦电器有限公司总经理，苍溪宏易电子商务有限公司总经理，苍溪县易田农村电商广元区运营中心总经理，这一连串身份都是一个人的，他就是宁波，一个和沿海大牌城市撞名的老总。

他于 2007 年成立苍溪超悦电器有限公司，一直从事家电销售及售后服务工作，历经八年风雨历程，取得了辉煌的成绩。公司多次被评为“消费者满意商店”“产品信得过商店”，最近连续四年被广元市工商局评为“守合同重信用企业”。个人先后荣获民营经济“先进个人”“先进工作者”等荣誉称号，连续两届当选为苍溪县政协委员。

“为什么会接触电商这个行业？”有记者问他。

宁波笑着说：“随着国家新常态下新经济的发展变化，特别是电商对传统零售业的巨大冲击，市场竞争日益加剧。面对新的挑战，公司决定按照实体店销售向电子商务转型。2014 年，我带领团队历时半年全面考察和了解，在众多的电子商务品牌和项目中，发现一个顺应时代潮流，被政府高度认可，同时也非常受市场欢迎的，互联网+实体店+三农+服务的电子商务平台——易田农村电商。”

“它有哪些销售优势呢？”

“易田农村电商采用 B2B2C 经营模式，与当地优秀的传统企业加盟商合作，在各区县建立运营中心、各乡镇建立服务中心、各村社建立服务站，一方面为传统企业植入顺应时代潮流的电子商务，让传统企业只需很小资本投入而剧增经营品类、扩大经营规模，帮助传统企业转型升级创新发展；另一方面易田电商利用实体企业原有的人脉资源和服务渠道，低成本高效率地解决了电商最后一公里服务难、配送难、售后难的问题，让电子商务轻松植根市场最末端，让顾客网购更放心，更便捷，同时增加了传统企业的销售和服务双重收入。

“更重要的是，易田农村电商具有反向代理模式：实现了一县一后台、一镇一后台、一村一后台，客户可以方便地从易田电商平台上买到想要的商品，同时更重要的是还能够将当地的农特产品、地方旅游资源等通过易田电商平台外销。也就是说拥有易田电商，既方便买得进来，更方便卖得出去。”

清楚了解易田农村电商这一项目之后，宁波迅速由从事实体店经营的超悦电器公司衍生成立了一家创新型电子商务公司——苍溪宏易电子商务有限公司。

一年多来，宁波积极引进易田农村电商，组建团队，走乡串户，积极推广和宣传，在整个苍溪市场投入近300万元：在全县建立近30个易田农村电商乡镇服务中心、30多家线上线下互动体验店和村组服务站，搭建了农村电商村村通的初步框架；对乡镇、村社网购服务中心、服务站的负责人作一对一的培训约50次，集中培训5次；对各加盟店采用统一易田车身广告语，散发广告DM单页、横幅、手机APP二维码以及语音，组成车队到各乡镇流动宣传，让当地老百姓和加盟团队对易田农村电商有了比较全面的了解和认识。

同时，他还积极参与县委组织部、县政协、县商务局、县农业局等单位的电子商务精准扶贫活动，分别在陵江镇的红旗桥村和白观村，三川镇的川桥村和卧龙村，雍河乡的桃源村，引进易田农村电商，建设了村组电商服务站，帮助农民脱贫奔康。

通过这一系列的努力，宁波让50多家实体企业转型升级，整合了20多种地方农特产品上线交易，实现了网上交易量上千万元，为当地精准扶贫和苍溪经济社会发展作出了应有的贡献。

谈到未来的规划，宁波信心满满，他说：“下一步，我们打算投资800万元，建立总计50个乡镇服务中心，500个村组服务站，50000个手机APP创业者和消费者，实现网上交易额过亿元。在当地政府和商务局的继续关心和支持下，为苍溪老百姓购买工业品和苍溪农副产品、地方旅游资源外销以及当地商贸流通产品互销，提供更便利更快捷的服务，帮助实体企业走出困境，帮助老百姓脱贫奔康，为苍溪经济和社会发展作出更大的贡献。”

相对于宁波在电商发展中的大手笔，一群年轻人却默默无闻地追逐着他们的“小梦想”。

在北门沟一个不起眼的门面房前。我看到了“浩然科技”几个漂亮醒目的大字。旁边的一大面墙上，有引人入胜的广告内容：浩然科技蜀锋女果园直销。

赫然入目的是一张年轻美女的画像，她手捧一枚硕大的雪梨，微笑着说：我是“90后”，我为苍溪雪梨代言！

她的旁边有这样的文字说明：猕猴桃、雪梨批发、零售；天猫、淘宝、电商平台、微商，一件代发。

还有一版更煽情的文字：诚招合伙人——水果我种，照片我拍，快递我发，单子我写，纸箱我做，你只需拥有一部手机，经营好你的QQ、微博、微信、快手，就能轻松挣钱；有单我帮你发货，从原产地发货，你不用库存，不用有压力；保证果子个个精挑细选，烂果包赔！

旁边的另一面墙上，广告内容更让人热血沸腾：

诚邀加盟，共赢财富！苍溪各乡镇网购服务中心火热招募中：一部电脑一个人，在家轻松创业挣钱！零门槛创业，无需学历，无需经验；保姆式服务，手把手教你开网店。创业，就这么轻松；挣钱，就这么容易！只要会打字，会聊天，轻松改写财富人生！

一间窄小的门面房里，两边货架上摆满了苍溪各类特产包装盒和产品；墙上还赫然展示着与“浩然科技”合作的各大网站，有淘宝、天猫、京东、苏宁易购、当当网、聚美优品、亚马逊、唯品会、麦包包，等等。

再轻轻走进，旁边，毗连的是一间一样狭窄的房间，六部电脑，六个年轻人，六张青春洋溢的面庞，六个埋头忙碌网络的身影。

“浩然科技”创始人，也就是外面照片上的美女——杜雪梅，走了出来。

还有些稚气，又那么阳光，她说：“其实，我们梦想挺小，就为创业，但是，也不容易。旺季的时候，尤其辛苦，自己到六槐凤凰村去收购脐橙，上树采摘，亲自装箱，运送发货，有时忙到深夜，累得疲惫不堪。不过，也挺温暖，帮农户销果子，和他们混成了熟人，他们不仅帮我们采摘，还送腊肉、土鸡蛋这样的礼物给我们呢。”

旁边叫仲新强的年轻人笑着说：“我曾经在元坝开着车，挨家挨户去收红薯、脆红李，那些贫困的留守老人，每家也就几十斤，但是看着他们笑着数钱的满足样儿，也觉得自己做的事情虽然辛苦，但是值得，有种幸福感。”

美女杜总指着“浩然科技”几个大字说：“从今年开始，我们公司就不叫这个名字了，我们和川湘木业的赵总联手成立了一家新的电商销售公司，叫‘四川土农民农业开发有限公司’，相信整合资源后，我们能够发展得更加兴旺，更加壮大。”

从这群朝气蓬勃的年轻人身上，可以看到苍溪电商发展的希望，看到苍溪特产走向世界的美好明天，也看到了全县人民摆脱贫困、走向富裕的灿烂未来。

【思考题】

1. 从宁波的创业案例中，你能感受到什么样的创业精神？

2. 此案例对你在互联网创业方面有什么启发？

2　互联网创业思维

本章重难点

【本章重点】

互联网思维就是指在（移动）互联网、大数据、云计算等科技不断发展的背景下，对市场、对用户、对产品、对企业价值链乃至对整个商业生态进行重新审视的思考方式。

用户思维是互联网思维的核心。

用户思维最重要的是要注意市场定位和目标人群的选择。

不断有新的事物产生，消费者不断地需要新事物以满足需求，创业者需要善于观察生活、抓住细节，从而发现商机。

【本章难点】

市场定位的核心问题是选择什么样的终端用户群。

传统企业以渠道为王，而互联网消除了信息不对称，直接面对用户，需要以产品为王。

互联网产品通常不需要大而全，而是要抓住用户的某个痛点或价值点，有针对性地做出定位明确的产品。

2.1　互联网产品思维模式

2.1.1　用户思维

时下，“互联网思维”成为最热的词汇，简单来说“互联网思维”就是指在（移动）互联网、大数据、云计算等科技不断发展的背景下，对市场、对用户、对产品、对企业价值链乃至对整个商业生态进行重新审视的思考方式。其中用户思维应是其中最重要的，也应是互联网思维的核心。

随着互联网时代的真正到来，信息产生和传播的方式发生了变化。信息不再由一小部分人制造，我们每个人都是信息的原产地。因此，人就取代信息成为了核心。因为人是核心，所以用户思维应运而生，并成为互联网思维的核心，互联网思维的其他部分都是围绕用户思维而展开。

“以用户为中心”的用户思维不仅仅体现在做品牌的层面，还体现在市场定位、品牌规划、产品研发、生产销售、售后服务、组织设计等各个环节。说得通俗一点，就是用户要什么你就给他什么；用户什么时候要，你就什么时候给；用户要得少，你可以多给点；用户没想到的，你替他考虑到了。如果把九大互联网思维比喻成“独孤九剑”，那么用户思维即是“独孤九剑”的第一式，即“总决式”。总决式为核心和根本，也是基本功。

学好用户思维最重要的是要注意市场定位和目标人群的选择。我们在做市场定位的时候，一定要基于产业链和价值链来思考问题，而不能仅仅停留在其中的某一个环节。终端用户既然最有价值，选择什么样的终端用户群，就是市场定位的核心问题。

在营销理论中紧紧围绕用户思维展开营销活动的模型就是“Who-What-How”这个品牌运营模型。核心要回答三个问题：第一，你的目标用户是谁？第二，目标用户要什么？第三，怎样满足目标用户的需求？不仅品牌运营，所有的营销企业经营问题都可以归结到这个体系内。

Who：目标用户是谁？（市场定位）

What：目标用户要什么？（品牌和产品规划）

How：怎样满足目标用户需求？（体验打造）

在互联网用户思维的背景下，我们如何来回答这三个问题？

从市场定位来看，要找到并聚焦我们的目标消费者，互联网是典型的长尾经济，那么我们就一定要服务好互联网时代的“长尾人群”。

从品牌和产品规划来看，需要找到目标消费者的需求，不仅仅是功能的需求，更重要的是情感的诉求，要清楚地洞察他们到底想要什么，做到感同身受。互联网时代的网民，主要由新一代的年轻群体构成，他们的自我意识强烈，好恶感明显，他们希望自己的声音被人听到，包括品牌厂商，他们注重这种参与的感觉。所以，在品牌建设的整个过程，要让他们广泛地参与进来，即“兜售参与感”。

从体验打造来看，怎样满足消费者的需求？互联网经济也是典型的体验经济，说白了就是用户感受说了算。所以在品牌与消费者沟通的每一个环节，都要注重用户的感受，售前的咨询、售后的服务、产品包装给人的感觉、购买的渠道、认知的媒介等，都是构成消费者体验的一个部分，所以我们认为，在品牌与消费者沟通的整个链条，都要贯彻"用户体验至上"。

2.1.2 迭代思维

在人类实践活动中，源自计算机软件领域的迭代思想已经由一种算法逐步升级发展为一种方法、理念和思维模式。随着知识服务在情报工作中的快速推进，知识服务产品开发与服务活动正在逐步步入规范化、工程化、工艺化的轨道。在知识服务产品化活动中引入迭代思维，可以有效提高产品质量、开发效率和服务效果，增强开发活动的针对性、规范性、科学性和创新性。

总结掌握迭代思维的特点规律，是在工作中建立并运用好迭代思维的前提和基础。基于对迭代方法的认识和迭代思维的作用定位，迭代思维的主要特征至少包括以下方面：

（1）目标的不确定性，又可称为环境导向性。迭代思维运用过程本身具有很强的外部交互性，目标的明确化过程通常也是与环境不断交互的过程。作为输入输出变量的需求与信息本身具有相对不确定性，需要进行识别、判定、收敛和显性化。我们需要围绕目标不断引入和修正环境的输入与输出。同时，其结果又反作用于目标，使目标进一步明确化。

（2）行为的试探性。围绕目标的不断逼近，需要不断尝试，并进行选择、批判和排除。尤其对于剔旧和创新的部分，需要不断调试和检验、测度。因此，解决问题的整个行为过程也是试验和探索的过程。

（3）过程的周期性。迭代过程是一种创新的过程，充满着量变到质变的飞跃。与每次大大小小的质变相对应，迭代过程也产生了大大小小的周期。每个周期可以构成一个循环，周期间的节点是可度量的检验点和控制点。

互联网的竞争是最为残酷的竞争，而当企业在快速发展的时候，快往往就可以把面临的风险降到最小，当你速度一慢下来，所有的问题都暴露出来了。所以，怎么在确保安全的情况下提速是所有企业最关键的问题。小米创始人雷军曾提出的设计七字："专注""极致""口碑""快"。"我坚信'天下武功唯快不破'。因为有时候，快就是一种力量，快了以后能掩盖很多问题，比如你做软件的，当还是少数用户在发现问题的时候，你已经更新了，那么就不会影响到你所有的用户。"而 MIUI 系统的每周五的一次或大或小更新，也是米粉乐此不疲追求小米的重要原因，也是小米能够一直保持年轻活力的原动力。

2.1.3 极致思维

极致思维，就是把产品、服务和用户体验做到极致，超越用户预期。什么叫极致？极致就是最高境界、最大程度、极限。

传统企业渠道为王，而互联网消除了信息不对称，让电子商务面对用户，这时候需要产品为王。

极致思维要求保持专注，把产品和服务做到最好，超越用户预期。互联网时代是一个过剩的时代，用户的转移成本很低，只有好的体验才能黏住用户，所以互联网时代的竞争只有第一，没有第二。

好的产品会通过互联网的媒体传播迅速推广，比如苹果的“果粉”和小米的“米粉”，他们之所以愿意为产品摇旗呐喊、主动传播，原因就在于有好的产品，能够给用户带来好的体验，让用户尖叫。他们愿意分享这类好的体验，通过“朋友圈”这样的强关系，还有微博这样的弱关系，迅速传播信息，进一步成为流行。口碑营销属于社会化营销的重要的典型应用。

1. 打造让用户尖叫的产品

超过用户预期的产品能够让用户尖叫，互联网企业的 CEO 首先必须是一位产品经理。如何打造互联网产品？有四个关键点。

（1）需求要抓得准。

解决用户的痛点，也就是需要解决的问题，这是刚需；其次解决用户的痒点，也就是平时感觉别扭的方面；还有解决用户的兴奋点，也就是带来兴奋效应的刺激，让用户惊喜。

刚需的解决不是一个容易的问题，需要不断的捕捉用户需求的变化，让用户参与决策是一个好方法。

嘀嘀打车刚刚出来的时候，让乘客可以预约出租车，司机根据乘客的需求提供服务，提高驾驶的效率，建立了乘客和司机的需求供应平台。这是很好的应用，奇怪的是用户数量一直没有爆发，直到嘀嘀打车做了一个小的改进——加价服务，才使得这个应用的用户数得到爆发式的增长。因为用户的刚需不仅仅是提出预定需求，更是要尽快找到出租车，多花一点钱也没关系；司机的刚需是通过辛苦的服务得到更多的回报。当然，加价服务不仅仅是线上的优化，还需要与线下的资源整合。

所以确定产品需求的时候，一定要想清楚产品所解决的问题是不是刚需，如果不肯定，一定需要给自己变换跑道重新选择方向的时间和机会。

（2）自己要逼得狠。

小米有句名言，把自己逼“疯”，把对手逼“死”。它对于产品规划有三个标准，某个设计若有存在的意义，那么加正值，若可有可无，那么不加不减，若产生负面效果，那么加负值。小米的设计相当谨慎，不仅负值的设计被消除，不加不减的设计也要消除，只做有意义的功能，紧跟“米粉”的需求。产品做到极致后，销售数据就不是问题。

（3）管理要盯得紧。

互联网时代的产品经理是一个核心的角色，他需要敏锐地发现和激活用户的需求，找到用户的刚需点，完成对产品的定义和规划，快速整合内部的资源实现这个目标。互联网企业的CEO首先就是一个产品经理，Facebook产品重大的发展方向都由扎克伯格做出决定，他对熟悉的产品甚至每个环节都提出建议。他们对核心产品，每周召开1—2次产品讨论会议，对其他产品，每月1—2次。通过这样的不断磨合，让产品始终保持在既定的发展方向。

2. 服务即营销

（1）超越期待。

阿芙精油是淘宝精油类销售第一名，它的成功依赖于极致的服务体验，服务即营销。它的客服24小时无休轮流上班，客服人员分为不同风格。它的送货部门穿“cosplay”衣服，化妆为动漫角色为消费者送货上门，送来的商品不仅有用户购买的商品，还有大量的小型试用装和赠品，起到二次营销的作用。为了增强用户黏性，他们推出包邮卡，其秘密在于，当人们拍下包邮卡，会发现不多买几次就亏了。

除了购买过程的服务体验优化，阿芙还设有首席惊喜官，他们每天在用户留言里寻找，猜测哪个用户可能是一个潜在的推销员、专家或者联系人，他们为他们寄出礼品，为这个可能的意见领袖提供惊喜，让阿芙得到更大的曝光量和推荐概率。

（2）人人都是服务员。

传统企业的产品团队和客服团队隔离，使产品与用户的交流隔了一层，而且不够及时。小米提倡人人都是客服，管理、产品、客服团队同时通过新媒体接触用户。

提升客服反应速度很关键，小米公司规定，用户通过微博@小米之后，必须15分钟内做出反应，要知道，小米的新浪微博@小米手机拥有217万粉丝，@小米公司拥有159万粉丝。

同时，小米还对新媒体做了定位划分，除了共同承担客服的任务，基本形成了微博拉新、社区沉淀、微信客服等体系，让每个媒体的属性效果发挥充分。

2.1.4 简约思维

很多人都在强调简约，很多产品也更加趋近于简约。扁平化产品的出现就是最好的例子，当初在微软推出 Windows 8 的时候，就因为扁平化过于简约而让很多用户无法接受,而 iOS 7 在改版后的扁平化设计宣告了比简约更简约的风格的到来。

简约不是最近才兴起的一种新鲜事物，早在谷歌和百度的产品设计里，就透出这种极简思维的魅力。乍一看到谷歌和百度的页面的时候，简单的几个字和一个 LOGO，外加一个搜索框，这个页面简单到很多人都觉得它不应该是一个搜索网站。可这个简单页面确实是全球最大的搜索引擎，其设计也感染了其他的搜索产品,很多搜索产品都是寥寥数字和一个 LOGO 加一个搜索框的搭配。而正是这样的设计，让用户直接看到了搜索框，从而清晰地了解了产品的本质。同类的设计中，还有扎克伯格用“极简主义”做出的 Facebook，一个拥有 5 亿用户的社交网站。Twitter 告诉我们，一个功能简单的网站照样可以走红，并赢得上亿的用户。极简主义不仅仅是设计，还有很强的引导性，让用户迅速认识到产品的本质，获得最直观的印象。

不仅仅是风靡全球的网站页面那样简单，还有很多单一的产品搭配极度简单的页面。比如说“别致”这款导购类产品，简单的单一页面和每天十款产品，整个移动产品加起来不过数十个页面。尽管在中国用户很注重页面效果，功能不可少，但页面美化也很重要，页面应该不失美丽，而美丽又应该让位于功能，也就是说，在保证让用户最便捷地找到所需服务的情况下美化页面。这就是简约的真实含义：不复杂，一目了然。只有达到这样的审美效果，用户才会认可，同时认为整体是浑然天成的。

功能决定页面设计，谷歌和百度的页面之所以那么简单，是由网站的功能决定的。搜索引擎最主要的作用就是让用户最快地找到自己所需要的结果。试想一下，如果谷歌的页面设计得过于复杂，那么，其他的栏目和功能必然会分散用户的注意力，这就会给用户造成困扰，用户需要花更多的力气来理解产品的本质和内涵。

现在，很多产品设计者都把用户体验挂在嘴边上，而正如乔布斯所言，产品设计不仅仅是外观的设计，更重要的是功能的设计，所以，苹果吸引用户的不仅仅是好看的 LOGO，还有在系统中每个功能的设置，否则，iOS 7 的用户为什么没有减少反而增加了呢？这就是简约的内涵，外表往往不及内在重要。一个产品要想拥有简约的内涵，就必须让用户能够迅速地找到自己所需要的功能，并且让用户能适应这样的设置。在此基础上提高美观度的产品，才是更能够让用户接受的产品。

尽管大家都在强调简约之美，但是很少有人能了解简约的产品需要把握哪几个方向。真正简约的产品首先需要遵循的原则是：少即是多。

很多产品为了迎合不同的用户会设计出很多繁复的功能来吸引用户点击，而用户使用时则需要花费很大的精力来了解产品，最终忽略了产品的实质。画蛇添足由来已久，很多产品在某些用户黏度上的坚持，就是出于维护产品的美观。

曾经有这样一款产品，后台数据显示其中一个功能用户几乎不用，而为了迎合互联网产品的审美观，这款产品将鸡肋保存到腐烂的程度，导致用户的操作受这个功能所影响。不得已，产品经理只好破坏掉原来的产品架构，狠心剔除许多不需要的功能，简化后的产品反而受到用户的称赞。

在现在的产品观念里，其实很多产品不需要太花哨的功能，但是有不少产品为了提高用户黏度而刻意增加用户使用负担。其实，所谓少即是多，就是指单一功能能够在同类中做到更好的原则。对用户来说，太多的重点代表没有重点，反而会让核心功能不突出。学会做减法，对产品来说更为重要。

那么，到底要减去什么？

首先，要抛弃的是与主要业务无关的东西。很多产品在最开始的时候构思了一个很有针对性的痛点，然后在产品设计中开始不停地增加功能，认为这些功能能够帮助用户了解产品，获得更好的体验。所以一直继续认为，用户需要一个完美的产品。而实际上，用户需要的只是最早的那个解决痛点的产品，开发者到最后显然忘了这一点，或者说要砍掉自己一手搭建的产品体系确实比较难。

我们往往想要一款完美的产品，大家都想尽快得到，也想得到更多。但是事实说明，多并不是产品成功的标准。我们很容易迷失在这样一个负面的环境中，如果一个产品让人感觉还可以加入新功能，那么这个产品最终会充满了失败的色彩。但实际上，当我们把注意力集中在如何增加产品功能这样一些表面现象的时候，我们就失去了对终极目标的思考。对产品的开发者来说，产品开发的本身不是为了快速地开发出功能十全十美的产品，而是要开发出一个让所有用户都愿意使用并能感觉到快乐的产品。

尽管追求简洁和清爽是目前国内互联网行业对产品设计的一种共同追求，但简约没有那么容易实现。有一个很简单的例子，就是我们对“个性化”的追求，它其实解决的是“看上去很美”的诉求，譬如换肤，换主题，换装扮，产品逻辑和操作方法并无变化。但是对用户来说，这个功能如何变得简单，也是很重要的，很多用户在需要个性化的同时，对产品依然有简约的要求。这类个性化的直接要求就是，每一套个性化都要有一套自己的风格和体系，无疑，这对产品来说，又是更高的要求。

其次，要抛弃在这一个版本中不需要的东西。不仅仅在产品设计初期，在产品设计中也常常会看到这样的问题，即新版本增加了什么功能。而实际上，用户使用这个功能的频率并不高，产品本身也不太需要这样的功能。如果仅仅是为了美化，对用户来说问题并不大，但是如果是产品本身的功能，只要发现用户激活率不高，就可以不考虑该功能了，大刀阔斧地砍掉不需要的功能其实并不是很困难。

互联网是从门户时代开始的，互联网产品追求的往往是大而全，即一个网站或者一个客户端满足用户的所有需求，但是门户网站发展到现在，已经越来越追求简单的界面和能够被用户一眼看到的内容，对于门户网站来说，这本来就是一个新的标准，需要从以前的叠加信息发展到后来的减少信息，门户之路在 2013 年的大改版中可见一斑。

在移动互联网里，小小的屏幕给很多产品不小的冲击。在移动互联网发展初期，很多产品的设计思想就是如何打造一个功能很全的产品。但是由于屏幕太小，不得不舍弃很多，也因为用户无法忍受无止境的次级页面，所以一切变得简单了。开发者必须把那些花哨的修饰和多余的内容去掉，优先保证对业务和客户体验影响最大的功能的呈现。简单的界面要求将交互性降到最低，优先考虑功能，专注于期望结果的基本需求。也就是说，移动互联网的出现，让做产品的人开始思索怎样在整个产业中做减法。

每轮产品更新，都会解决掉一些矛盾，再回头看以前的版本，就会觉得从前的体验实在不怎么样，看上去也不怎么漂亮。这就是产品在更新过程中的减法。那么，什么样的产品需要做减法？一是用户第一眼需要了解的部分被放在太深的地方，导致用户必须寻找本该很容易看到的东西。二是操作太复杂，导致用户必须花很多时间才能完成一个本应相当简单的任务。

不仅如此，在上一个版本中没有的功能，如果在这一个版本中打算加入，也必须考虑是否有加入的必要。用户喜欢新鲜的功能，前提是该功能围绕产品标签而开发，同时还能满足用户对功能的要求——简约。

早期互联网的信息量与来源不多，人们对这个新兴的世界存在着信息饥渴，所以即使信息过多，用户也能吸收。现在的互联网在形式上与早期有很大的不同，大部分的信息来源于人与人交互的结果，并且冗余信息过多，导致各类信息真正爆炸起来。在这种情况下，人们对信息的要求也不断提高，他们开始选择更有价值的内容，这种选择的过程也由于信息的爆发让人疲劳，导致用户对信息的挑选更苛刻。

另外，产品的部分功能是否能帮助产品提高核心竞争力是这个产品做加法还是做减法的核心考虑要素。产品的核心是始终不能放弃的。一个产品必须要做到完全围绕其标签来做出改变，如果仅仅是为了让用户觉得更好玩，则可以放弃改变。

很多人不明白这样的要求精确到用户体验上，应该是怎样的要求。其实，简单地说就是在交互使用上，用户能够不受干扰地独立完成整个人机交互的过程。因此，产品需要在页面表现上提供较统一的使用标准，在视觉设计上也不光考虑用户的口味，而是有选择地提供合适的设计。用户对产品的要求就是，如果只做一些不太花费精力的事情，也能获得满满的乐趣就好了。做减法是一种理念。减法的结果应该是核心目标得以实现和扩展，而其他的部分则变得无足轻重。某一特定的入口，链接、模块的处理可能是无关大局的，但是如果一款产品没有大局，也没有特色的话，这个减法就是错误的，应该重新找寻产品中真正的鸡肋。

剔除所有不那么需要的部分以后，产品的操作是否足够简洁？在业内一直有一个标杆，那就是 Instagram——一款最初运行在 iOS 平台上的移动应用，后被 Facebook 收购，凭借几个人的力量就将这个产品做到了上亿用户。它拥有精美的页面，风格化的设计，还有简单的功能。

仔细观察可以看到，这款产品只有 5 个主页面，其中常用的有 3 个单页面：一个浏览信息流，一个拍照并上传，一个查看新消息。学习成本近乎为零，用户上手很快，整个产品只需要用户做是与否的选择。简单带来的是极其流畅的使用体验，恰好与其“轻盈”的产品气质丝丝入扣。这样做的好处是能够顺利引导用户将注意力高度集中于产品的核心价值上，让用户顺利地了解与适应产品。由于产品本身的特质，还能减少发表与互动的心理负担，提高应用的使用频度，加快使用习惯的形成。现在的移动应用应该简单直接，专注于解决用户的一个问题。一个大而全的应用反而会让用户感到迷惑，不知道用来做什么好。而看看现在几款在国内比较风靡的产品，大多数由于用户黏度的需求，减到最后也只能说在同类产品中达到了顶尖的水平，但要说有多简约，还不能成为像Instagram 这样的案例作品。

在工业设计上，同样也有一个少即是多的例子，那就是苹果。手机如果不适合手掌的大小，就让它停留在固定的尺寸上，如果电脑不够轻，就减掉一些东西，所有的改变都只有一个目的，就是让苹果的产品看起来更简单一点。长方形的产品能够获得用户的认同绝不仅仅因为它的形状，苹果对用户和产品交互界面的执著是毋庸置疑的，这一点从其对包装的苛求上可见一斑。但是这并不意味着苹果的产品仅仅是看起来很好看，它对人机界面的追求，影响对功能的取舍和硬件的设计，这需要花很大的工夫。比如说，要把 Air 做到最薄，苹果的工程师不得不想尽办法把必要的东西放进去，同时不得不放弃某些功能；为了让 iPhone 成为一件只有一个按键的工艺品，也必须放弃很多必要的功能，譬如多进程，所以我们看到的 iPhone 就只有一个整体界面，而没有桌面和底层，这就是 iOS 很多时候能让用户舍弃复杂的 Android 的原因。很多对原生进行更改的 ROM 显然也因为注意到了这一点而学习了苹果的处理方式，比如很出名的MIUI。

尽管我们一直在强调“要简洁”“要做减法”，但是这些不是用来砍功能、砍特性的刀剑。解决用户矛盾需要更加智慧的做法，完全砍掉会造成不协调的感觉的时候，就应该立马打住。当用户有明确而单一的目的时，我们设计的产品流程也应该尽量明确流畅。当用户的目的性不那么强的时候，我们也许可以适当改变一些流程外的东西，但必须做到如果用户想回归流程就能立马回归流程。

小而美，少即是多。互联网产品通常不追求大而全，而是抓住用户的某个痛点或价值点，针对性地做出定位明确的产品。在功能上尽量简单明确，即便要做大做复杂，也是慢慢地加上去。在体验上，尽量做到简单易上手，甚至在用户完全看不到页面的时候也能有一个本能的处理方式，这才是减法的精髓。而减法的最后，依然是以少胜多的结果。专注于最精细化的部分，才能做好产品。

简约即是美，明白了简约的重要性后，我们常常能看到产品经理拿着手上的几款 APP 翻来覆去地看，然后找到美工设计，要求做一个类似的产品。我们知道美工的任务就是让产品更好看，但是一个只看表面设计的产品经理，做出来的产品绝对不会符合大众审美。因为当功能出现堆砌时，产品的失败是显然的，即使优秀的美工也不能将功能隐藏起来，而极端的美工甚至会把产品的特性分散掉。

因此，简约并不代表仅仅是产品的表面看上去内容很少，而是在这很少内容的背后，还有很多的内容。那么，还是回到谷歌搜索页面，它是否足够简约？是的。那么，它美吗？美。不会有人否认这个页面清晰明了，有一种大气自然的美。再看看谷歌浏览器，这个产品美吗？相信也不会有人否认它的美，同时，它还很简约。看起来，这个产品与国内的许多浏览器有很大的不同，因为许多浏览器还要设置“显示主页”才会有这个入口。这就是谷歌的思路，单一的颜色和清晰明了的内容，让人一眼能够看到重点，谁又会认为这样的产品难看呢？

在互联网的发展过程中，有过堆砌的时间段。当时的用户需要信息，所以堆砌信息就是最好的办法，一个网页中有数不清的链接，这导致在网站的流量提升后，这些链接都变成了广告、关键词，对整个网页来说，这是一种伤害。

在网络时代，互联网产品设计总是针对不同的用户，这些产品的重点是要迎合不同用户的习惯，而产品又是为人服务的，所以，它应该具备一定的使用功能，应该让用户用得舒适，要考虑不同民族、文化的人对产品的特殊要求及喜恶，应该使产品具有欣赏价值，而不是冰冷毫无感情的机器，还应该使产品为消费者所接受等。

也有人会认为，只是把重点突出，其他的东西要么砍掉，要么隐藏，要么换到用户自主选择，看起来很简单。但是，我们往往忽略了越简单，对产品的要求就越高。因为这其中要求产品在有限的表现范围里充满表现力地展现产品核心，这可谓是“说起来简单，做起来难”。

在简约这件事上，做得最好的依然是苹果。苹果产品的外观设计，完美体现了简洁二字。苹果的设计理念是“平和简约，至臻至善”，iPhone 采用一键式设计，黑白两色，其外观受到追捧，成为全球最热门的手机。

在剔除了一切可以剔除的部分后，接下来就是展示产品的重点。很多产品好不容易分辨出哪些功能是自己一定需要的，却在后期的产品展示上出现问题。很多简约的产品会跳出原有的圈子，创建一套自己的模式。

致力于打造苹果精神的乔布斯对苹果产品的要求就是简化，他要求工程师的设计中，使用某项功能的按键次数不能超过 3 次。如此严格的简化设计要求让苹果凭借 iPhone 打败了市面上的诸多产品，而在安卓的 ROM 中，魅族的 Flyme 和小米的 MIUI 都遵循了这一原则。对于很多人来说，喜欢苹果不仅仅因为其好看，还因为更加便捷的操作。

简约是对产品特征的高级要求。简约的要求不单单是产品对用户展现了更少内容，而是更突出标签的要求。一款产品如果能做到重心突出，同时还能有良好的使用逻辑和体验，就说明这款产品在工业设计上足够美。这里的"美"，不仅仅是指外形好看，重点是整个产品不管从哪个角度看都是富有引申和逻辑性的。

简约的思路对细致之处的要求更高，所有的呈现都必须美化。单从用户的角度来说，即使是一个按钮，在简约的界面上看起来都是很明显的，一张纸上如果有大小两个墨点，那么这张纸上白色的部分就不会被用户所注意，所以在产品的设计里，如果做得足够简单，就要保证每一个部分都是美化过的，相反，如果产品内有很多功能，那么整体效果更为重要，而其中某一个地方的设计就显得没那么重要了。

简约而不简单，简约和简单是两个概念，简单是指过度单纯的产品设计，而简约则是无法替代的，也是无法模仿和照搬照抄的。现在移动互联网要求的正是简约而不简单。

很简单的东西，只要能够迅速抓住用户的痛点，就是简约的。而简单的产品是极其容易被替代的，因为操作和制作的简单，被其他产品替代是短时间内的事情。但是，真正简约的产品，是不容易被其他的产品所替代的，即使换个风格也无法被超越。简单的设计与简单的展现是两个标准，对很多移动互联网的设计来说，想要做的功能越来越多，需要摆在屏幕上的东西也是水涨船高。其实，还可以考虑利用现有的元素去承载新的功能。重新审视现有的元素，拆分成零件，这样才能像苹果一样，把问题拆分后重新定义。

要注意的是，即使是简单的功能，也不能一股脑儿堆出来，再好的排版也理不清楚。所以在做信息加工，拆分信息元素的时候，应该以用户目标为拆分依据。工具型的 APP，要把任务拆分成工作流。每一个步骤的展示，是为了帮用户达成相应目标。而信息型的 APP，要为特定的需求设计信息展示的范围和版式。一切以用户需要的信息为核心，展开功能。

在互联网上，最具有简约而不简单精神的是 140 字。每条微博信息不超过 140 字，相对传统博客而言相当简约。不过，这种简约的模式却有不简单的影响力或者价值，比起博客的长篇大论来说，140 字就是难得的精髓。因为微博可以用短信来发，所以它的及时性可以和短信媲美。同时，微博在推广期间，为了让用户更好地加入到其中，开放了应用端口并且增加了各种发布方式，手机短信、彩信、IM、Email、Web、WAP 等都可以，这是以前的任何传播形式都不可比拟的。

把简单的发布工作做到简单化，但是又充满了细致的美感，对于产品来说就是简约。简约的标准就是更换任何一个小部件，都不如现在的产品。譬如，微博里的转发和评论功能，无法被其他的选项所代替。

而在这些简约的产品背后，核心是技术或者模式。譬如，在微博里，核心是模式，从一开始的用户积累到后面的会员模式，微博开辟的新模式连社交巨头腾讯也没有顺利超越。而对于苹果来说，技术就是核心，这让人不免联想到苹果与三星诸多的专利之战。苹果保护自己的专利，因为这就是它的核心竞争力。

很多产品由于过于简单，束缚了自身的发展，每次的更改都会让用户不习惯。而在简约的产品中实际上是可以出现更新，可以延展的。比如早期的 QQ，仅仅只有单调的选项，而在后面的不断成长中，QQ 没有变得复杂，而是变得更好。可见，一款简约的产品是具有生命力的，远非简单可以比拟。

2.2 互联网管理模式

2.2.1 以用户为中心的组织结构

简单地说，以用户为中心的组织结构，就是在进行产品设计时从用户的需求和用户的感受出发，围绕用户为中心设计产品，而不是让用户去适应产品，无论产品的使用流程、产品的信息架构、人机交互方式等，都需要考虑用户的使用习惯、预期的交互方式、视觉感受等方面。（一句话，就是在做设计时站在用户的角度考虑，“我需要什么样的设计才能感觉最好”，而不是站在开发者的角度上来看。）

以用户为中心的组织架构可拥有以下几个方面：产品在特定使用环境下为特定用户用于特定用途时所具有的有效性（effectiveness）、效率（efficiency）和用户主观满意度（satisfaction），延伸开来还包括对特定用户而言，产品的易学程度、对用户的吸引程度、用户在体验产品前后时的整体心理感受等。

为什么要用以用户为中心的组织架构?

1. 一个产品的来源可能有很多种情况，用户需求、企业利益、市场需求，或可能是技术发展所驱动。从本质来说，这些不同的来源并不矛盾。一个好的产品，首先是用户需求和企业利益（或市场需求）的结合，其次则是低开发成本的，而这两者都可能引发对技术发展的需求。

（1）越是在产品的早期设计阶段，能充分地了解目标用户群的需求，结合市场需求，就越能大幅度降低产品的后期维护甚至回炉返工的成本。"如果在产品中给用户传达'我们很关注他们'这样的感受，用户对产品的接受程度就会上升"，同时能更大程度地容忍产品的缺陷，这种感受绝不仅仅局限于产品的某个外包装或者某些界面载体，而是贯穿产品的整体设计理念，这需要我们早期的设计就要以用户为中心。

（2）基于用户需求的设计，往往能对设计"未来产品"很有帮助，"好的体验应该来自用户需求，同时超越用户需求"。这同时也有利于我们对于系列产品的整体规划。

2. 随着用户有着越来越多的同类产品可以选择，用户会更注重他们使用这些产品的过程中所需要的时间成本、学习成本和情绪感受。

（1）时间成本，简而言之就是用户操作某个产品时需要花费的时间，没有一个用户会愿意将他们的时间花费在一个对自己而言仅为实现功能的产品上，如果我们的产品无法传达任何积极的情绪感受，让用户快速的完成他们所需要的功能，那么这件产品就是失败的。因为这是最基本的用户价值。

（2）学习成本，主要针对新手用户而言，这点对于网络产品来说尤其关键。同类产品很多，同时容易获得，那么对于新手用户而言，他们还不了解不同产品之间的细节价值，影响他们选择某个产品的一个关键点就在于哪个产品能让他们更简单的上手。有数据表明，如果新手用户第一次使用产品所花费的学习和摸索的时间和精力很多，甚至第一次使用没有成功，那么他们放弃这个产品的几率是很高的。即使有时这意味着他们同时需要放弃这个产品背后的物质利益，用户也毫不在乎。

（3）情绪感受，一般来说，这点是建立在前面两点的基础上，但在现实中也存在这样一种情况：一个产品给用户带来极为美妙的情绪感受，从而让他们愿意花费时间去学习这个产品，甚至在某些特殊的产品中，用户对情绪感受的关注高于一切。例如在某些产品中，用户对产品的安全性感受要求很高，此时某个产品适当地增加用户操作的步骤和时间，便会给用户带来"该产品很安全很谨慎"的感受，但如果减少用户的操作时间，让用户快速地完成操作，反而会让用户感觉不可靠。

以三只松鼠为例，通过企业精心独创的用户体验，三只松鼠用心推出的极致优服务来吸引顾客，吸引着源源不断的新顾客的同时，也保证了老客户的忠诚度。凭借 B2C 平台实行线上销售，迅速开创了一个新型食品零售模式，大大缩短了商家与顾客的距离，确保顾客能便捷地享受到新鲜完美的食品。“以顾客为中心”这句话也在三只松鼠得到了完美的诠释，三只松鼠的核心竞争力不仅在于倡导“慢食快活”的生活方式，更在于对顾客的贴心服务。独创的 9OFS 用户体验：

取料原产地：Origin

非原产地不选：松鼠家的原料均选自全球的原产地农场

非好营养不选：松鼠家注重每种原料的健康、营养属性

非好口感不选：松鼠家相信好口感一定来自优质的原料

全程最新鲜：Fresh

温度就是新鲜：松鼠家根据产品属性在出厂前或是 0 度保鲜或 26 度恒温保鲜。

2.2.2 以互联网精神为土壤的文化结构

任何一个定义都会在不同的时间，不同的地点被赋予不同的含义，在当今中国，“互联网精神”也被打上了中国化的烙印，即：开放、平等、协作、分享，“天下大势，浩浩荡荡；顺之者昌，逆之者亡”。

互联网，它无时不在、无处不在，不停地将信息传播，帮助企业宣传，24 小时不停地为电子商务公司和网游公司赚钱，成就了许多互联网品牌，也创造了很多网络新贵和他们的财富传奇。

开放。互联网的开放精神除了体现在物理时空的开放以外，也体现在人们的思维空间的开放上。不同行业和生活经历、不同地方的人可以共同就某一话题展开交流和讨论，思想火花的碰撞将极大地拓展人们思维的边界，丰富人们的知识。互联网引领着潮流，加快推进着人类文明的进程。

平等。互联网的水平存在方式决定了网络是一个平等的世界。人们在网上的交流、交往和交易，剥去了权力、财富、身份、地位、容貌标签，在网络组织中成员拥有相对平等的话语权，能够对于接收的信息做出自由选择，彼此平等相待，网络使我们的世界更加透明和精彩。

互联网的平等是“网络面前人人平等”，相互间即便互不相识、远隔万里，但在互联网的世界里都是网友，不管你有什么需要，不管你遇到什么困难，在这里都会找到属于你自己的一片空间。

协作。每个人都是互联网中的一个神经元，互联网世界就是一个兴趣激发，协作互动的世界。互联网的实时互动和异步传输技术结构将彻底地改变信息的传播者和接受者的关系。任何网络用户既是信息的接收者，同时也可以成为信息的传播者，并可以实现在线信息交流的实时互动和协作。

中文百科网站“互动百科”就是以词条为核心，与图片、文章等其他产品共同构筑一个完整的知识搜索体系。每个人都可以自由访问并参与撰写和编辑，分享及奉献自己的知识。互动百科本着网络面前人人平等的原则，提倡所有人共同协作，编写一部完整而完善的百科全书，让知识在一定的技术规则和文化脉络下得以不断组合和拓展。

分享。互联网的分享精神是互联网发展的原动力。技术虽然是互联网发展的重要推动力，却不是关键，关键是应用。

互联网历史上的重大创新事件，几乎没有一个是正规研究互联网技术的人推动的。比如美国的几个学生希望用 Email 分享照片，结果因为邮件太大屡次发送不了，才决定要建立一个视频分享网站，这就有了 Youtube 和 Twitter 等全球知名网站。

这充分说明技术虽然是互联网发展的重要推动力，却不是关键，关键在于应用。而只有当技术开放并为大多数人分享的时候，那些没有被技术思维限制的非专业人士才有可能创造出新的应用模式，并不断改进网民使用体验。

2.3 互联网创业中的创新思维

目前中国的经济结构逐渐向服务业偏移，市场变得越来越难以适应，每一天都有新加入的竞争者，每一天也有被挤出去的失败者，如何能在这个瞬息万变的市场之中站住脚跟，迎风而起，创业者除了拥有笃定梦想的决心和好的创意之外，懂得创新的思维也是必不可少的。

创新指的是以现有的思维模式提出有别于常规或常人思路的见解，利用现有的知识和物质，在特定的环境中，本着理想化需要或为满足社会需求，而改进或创造新的事物、方法、元素、路径、环境，并能获得一定有益效果的行为。

对于创业者来说，实行创新的第一步是先得接受这样一个事实：世界已经改变，并将继续改变，而原因常常是一些出乎意料，事先毫无征兆的事情。拥有创新的头脑就说明你抓住了成功的蛛丝马迹，可以以一种全新的方式了解世界，以一种全新的角度观察世界。

以墨迹为例，在十九世纪八十年代，还在使用羽毛笔的欧洲，身为业务员的沃德曼在请客户签合同的时候因为墨水滴在合同上而失去了一笔生意，在强烈的悔恨和愤慨的感情中，沃德曼经过不断地尝试，发明了使用方便，墨水可以均匀流出的自来水笔。产生问题的同时也产生了机遇，在大部分人都与机遇擦身而过的同时，具有创新意识的人懂得抓住机遇，顺势而上，举一反三。财富随着创新的点子源源不断地涌来，有的人抓得住，有的人却只能失之交臂。从在珍珠面霜中放置一颗珍珠来迎合消费者喜好突出产品特色到为了提高牙膏销量而将管口扩大的一厘米，创新不断地展示出它的强大力量，不同的角度就能得到不一样的灵感。

虽然我们的生活在不断地变好，曾经很多想象不到的东西出现在我们的生活之中为我们带来了便利，但是人类历史发展的进程是会不断地向前的，创新永远都没有尽头。从认识的角度来说，创新是更有广度、更有深度地观察和思考这个世界；从实践的角度来说，创新就是能将这种认识作为一种日常习惯贯穿于生活、工作和学习的每一个细节中。正是因为不断有新的事物产生，消费者不断地需要新事物以满足需求，善于观察生活的创新者抓住细节，就能为自己带来商机。

创新的头脑会随着年龄的增长逐渐退化，只有极少数的人能够保留着创新的头脑，但是除了天赋以外，大部分的普通人能够通过不断地锻炼自己的思维方法，使自己也能拥有创新的思维方式，打开新世界的大门。

思维方法是人们通过思维活动为了实现特定思维目的所凭借的途径、手段或方法，简单来讲就是思维过程中所运用的工具和手段。思维方法属于思维方式范畴，是思维方式的一个侧面，是思维方式具体而集中的体现。

那么什么又是创新思维？

创业者是将某些信息、资源、机会或者技术，通过相应平台或载体，以一定方式转化、创造成更多财富、价值，最终实现某种追求或目标的人。作为一名创业者，要进行创造性思维，理解创新过程，作出正确决策，就必须掌握广博的知识，具有一专多能的知识结构、清晰明了的逻辑思维。

创业者应具备的思维方式主要有以下三点：

系统性。网络的普及，使得人们获取的信息越来越碎片化，多种信息的杂糅容易引起思维的混乱。而创业者首先要做的，就是锻炼自己的系统化思维。无论是企业的管理还是新产品的开发，创业者都需要统筹规划。系统性不仅仅要求条理明晰，也要求思维层次更加清晰，内容更加丰富，方法更加多元。就像是档案室里的档案一样，不断充实的过程中又能做到主次分明，信息分门别类。

创新性。创业者的思维往往不应是僵化的，局限的，而应是开放的，发散的。不仅仅是技术上的创新，还有管理结构以及统筹上的创新。在处理问题的时候多以“假如……”“如果……”这样的语句来展开自己的思维，得到最优解以后努力实现前提，即实现“假如……”“如果……”的内容。

定量性。创新并不代表着天马行空，也要基于现有的状况进行分析。以数据分析为前提的决策是思维过程的基本组成部分，它使得思维更加的逻辑化。在创业过程中，小小的数字也许会带来很大的经济利益或者经济损失，数据的不可忽略性要求创业者的思维一定要是定量的，有逻辑的，以数据分析为基本的，这样才能保证在决策的时候更有把握，更加准确。

根据北京师范大学教授赵向阳在《清华管理评论》期刊中发表的文章《成功创业者怎么想》，创业者应当更多地遵循效果推理，而非大家习以为常的因果推理。因果推理注重逻辑分析，注重对未来的预测，更适用于因循自然规律的判断和自然科学研究以及大公司的管理决策。而效果推理理论认为人类在多大的程度上可以控制未来，就在多大的程度上不需要未来。效果推理更适合社会活动和社会科学，尤其是富有创业精神的小企业。

综上，创新者的思维方式是需要不断地锻炼和实践的，宝刀多磨几次才能削铁如泥。拥有了好的思维方式，即使外界市场不断变化，也能永立潮头。

【案例分享】

滴滴报警

2017年7月，江苏南京市公安局玄武分局在其官方微信平台上开通“滴滴报警”功能，市民通过微信报警后，两分钟内，周边的警力就能像网约车司机一样“抢单”，并以最快的速度赶到现场进行处置。该功能一出，引起各界的热议。7月24日，玄武分局回应称，接警方式上拟将“巡逻就近接警”与“指挥调度派警”结合起来，同时设置警情提醒，民警在日常工作中不需要频繁查看手机终端。

“滴滴报警”引发热议

7月18日，南京市公安局玄武分局开通“滴滴报警”功能，市民可在微信上一键报警。在玄武公安分局微信公众号上点击进入“滴滴报警”后，报警人可自行填报或扫描路牌定位，并填写姓名、手机号，选择报警类型及填写警务描述，此后即可一键报警。南京市公安局玄武分局相关负责人表示，当事人通过微信报警后，两分钟内，周边的警力就能像网约车司机一样“抢单”，然后以最快的速度赶到现场进行处置。“如果过了一分钟仍没有人‘抢单’，那么我们指挥室就会按照正常流程派警。”

“滴滴报警”上线后，引发了公众的热议。有市民表示此举增强了报警的便利性及准确性，并发挥多部门协同联动优势，但也有部分市民担心，“滴滴报警”会使接警量变大，造成基层警力不足，加大基层民警的工作压力。此外，也有人担心会有人对出警恶意差评。

“抢单”与调度相结合

7 月 24 日，关于部分公众对“滴滴警务”项目的疑问，南京市公安局玄武分局作出了几点回应。

南京市公安局玄武分局表示，“滴滴报警”功能，是南京市公安局玄武分局巡特警大队和指挥室共同研究提出。设计的初衷，一方面是市民可利用手机或扫描二维码门路牌快速准确定位，也可以实时查看处警警力位置减轻等待的焦虑感等；另一方面可以减少因报警人位置、警情描述不准确而导致的延误或误解，可结合民警实时工作状态更加科学地接警、派警。

玄武分局在说明中称，在接警范围上，将接警类别调整为人员走失、盗窃非机动车、人身伤害、灾害现场、扰乱秩序、公安类救助等 6 类更需要准确地理位置的 6 类警情。而在接警方式上，拟将“巡逻就近接警”与“指挥调度派警”结合起来，确保警情件件有落实、快速处置。

有专人负责核实“差评”

在基层警力方面，玄武分局称，在解决派出所警力配置、装备建设、经费保障和民警职级待遇等问题的基础上，建设了 4 个警务服务站。目前，巡特警大队、警务站共配备民警 138 人、特勤 615 人，约 40 名公调对接专职调解员在派出所警务站驻点跟班工作，接处警量达 70.12%、自处率达 94.8%左右。

此外，“滴滴警务”的出现会不会使得民警在查看手机上花费大量时间？玄武分局对此表示，他们在平台上设置了警情提醒功能，民警日常工作中不需要频繁查看手机终端，分局也会通过加强督察检查，确保民警工作在岗在状态。

玄武分局解释“滴滴报警”系统时提到，在处警评价上，在平台内设置了“星级评价”环节，群众评级将作为民警绩效评估的重要（非唯一）依据。

那如果有人恶意“差评”该怎么办？在“滴滴报警”引起的讨论中，如何保证报警人对出警民警给出客观评价，一直是一个争议话题。对此，玄武分局表示，对“三星”以下评级的，会要求报警人注明具体理由，具体情况由专人负责了解核实。对出现恶意差评等情况的，也将保护民警合法权益。

【思考题】

1. 请问你认为“滴滴报警”的出现体现了什么样互联网思维？
2. 请简要分析“滴滴报警”与“滴滴出行”的联系与区别。

3 互联网创业机会

本章重难点

【本章重点】

创业机会主要是指具有较强吸引力的、较为持久的有利于创业的商业机会。

创业的根本目的在于满足需求。

影响创业机会因素包括两类，一类是可控制的，包括创业者的先前经验、个人能力、社会关系网络等，另一类是不可控制的，即外部创业环境，包括市场动态、经济环境等。

通过一系列的创业机会评价框架分析选择最适宜的创业机会。

【本章难点】

创业者需要合理地分析自己与竞争对手之间的优劣，并针对对方的短处，将自己的优势充分发挥出来或者采取差异化策略，更好地满足顾客需求。

创业机会的识别有两种方法：解决问题和观察趋势。

3.1 互联网创业机会的识别

3.1.1 创业机会的来源

1. 创业机会的定义及特征

创业机会主要是指具有较强吸引力的、较为持久的有利于创业的商业机会，创业者据此可以为客户提供有价值的产品或服务，并同时使创业者自身获益。[①]

① 刘东强，梁素娟. 马到功成：马云向左，马化腾向右[M]. 北京：新世界出版社，2009：6-196.

2. 创业机会的来源

对于创业者来说，有一个好的创业机会既是成功创办企业的基础，也是日后企业发展的竞争优势。总结起来，创业机会来源于以下四个方面。

（1）没有得到满足的需求。

创业的根本目的在于满足需求，若需求没有得到满足，那么它就是一个潜在的创业机会。寻找创业机会的重要途径，就是善于去发现和体会自己和他人在需求方面的问题或生活中的难处。

淘宝网是中国阿里巴巴集团旗下网络购物网站，由马云创立于 2003 年 5 月 10 日，是 C2C 购物网站（B2C 模式网站——天猫已拆出），个人或企业均可在淘宝网开设自己的网络店铺，此外淘宝网上还拥有拍卖平台。2011 年 6 月 16 日，网站分拆为淘宝网、天猫、一淘网。

阿里巴巴当年创建淘宝网，就是看到了大众的需求。利用 B2B 商业模式给消费者带来了巨大的方便和实惠，因而淘宝网发展迅速。“双十一”带来的现象级电子商务盛状成为了当代的阿里巴巴创新的成果。

（2）市场环境的变化。

创业的机会大都产生于不断变化的市场环境，市场环境一旦发生改变，市场需求、市场结构必然会随之变化。市场的变化主要来自于产业结构的变动、人口思想观念的变化、政府政策的变化、人口结构的变化、国际市场形势的变化等诸多方面。变化即意味着机会，尤其在当今市场风云莫测的大环境中，无处不隐藏着各种良机。

（3）技术和创新变革。

技术和创新变革不仅创造出具有超额价值的新产品、新服务，更好地满足顾客需求，同时也产生了大量基于新的科技突破和社会科技进步的创业机会。近年来移动互联网迅猛发展，对传统商业市场造成巨大冲击的同时，基于互联网发展的创业机会也如雨后春笋般出现，互联网创业逐渐成为中国经济发展和促进就业的新增长点。

（4）市场竞争。

在市场竞争的过程中，如果能够合理分析自己与竞争对手之间的优劣，并针对对方的短处，将自己的优势充分发挥出来或者采取差异化策略，为顾客提供更满意的产品和服务，更好地满足顾客需求，那么你就找到了竞争环境中的独特创业机会。

3. 创业机会的分类

创业机会可以分为模仿型机会、识别型机会和创新型机会三类。

模仿型机会，即通过模仿别人的技术并结合自身特点，进行资源优化配置，降低成本形成竞争力。比如百度模仿谷歌，但百度更适合中国人。

识别型机会，指基于市场发展、对顾客的潜在需求的预测而产生的机会，比如百合网利用中国的庞大人口和现代找伴侣难的契机，结合科学心理分析，将生活背景、兴趣爱好、性格气质、学历知识水平、世界观价值观接近甚至相同的人搭配在一起，提高配对率。

创新型机会，将新技术应用到不同领域，与其他行业融合，为顾客创造新价值。例如，阿里巴巴将网络和商业买卖融合到一起。

淘宝的免费模式，至少产生了三个方面的创新：

第一，在丰富了商品品类的同时，自然形成了竞价搜索模式；

第二，为了方便买卖双方交易，淘宝提出支付宝模式，在解决了信用问题的同时带来了新的商业价值；

第三，为了尽可能促成交易，淘宝不仅不收买家和卖家的交易费，而且创新出 IM 工具阿里旺旺，方便买卖双方进行交流。①

4. 中国互联网行业的创业机会特点

目前，我国互联网中小企业在互联网业务创新上基本是照搬美国新兴的互联网模式，原始突破或者颠覆式创新较少，基本上是在用户需求点上持续不断地进行微创新；而大企业则引领创新的动力不足，往往采取直接将小企业成熟的盈利模式应用到自身业务平台，实现风险极低的业务扩张。

3.1.2 创业机会的关键影响因素

影响创业机会因素包括两类，一类是可控制的，包括创业者的先前经验、个人能力、社会关系网络等，另一类是不可控制的，即外部创业环境，包括市场动态、经济环境等。

1. 先前经验

大多数创业者的创业能力都是基于先前经验而不断成长的，个人在特定领域的经验越丰富、知识储备越多，就越容易发现和把握该领域内的创业机会。

---

① 谢文. 为什么中国没出 Facebook[M]. 南京：凤凰出版社，2011：5-130.

2. 个人能力

个人能力包括信息获取和分析能力、预测能力、风险感知能力、社会关系建立和维护能力、行业或创业领域知识与经验储备能力。创新思维也是很重要的一项能力，例如你可以在大量的信息中，挖掘出客户的需求并提出具有创意性、新价值的产品或服务。一般而言，强大的能力能够使得创业者比别人更加灵敏，更加具有主动性。

3. 社会关系网络

创业者的社会关系网络是指创业者与家庭、朋友、同事、商业合作伙伴和竞争对手、政府、金融机构等建立起来的各类社会关系，它们连接在一起构成创业者的社会资本。社会网络成员之间彼此亲密的内部联系可以帮助创业者提高信息获取的质量，从而确保信息资源的价值，以此来获取有价值的创业机会。

4. 创业环境

创业环境包括宏观经济政策与制度、产业结构、人口环境、自然环境、技术环境、市场环境等。创业环境的变化既可以提供大量的创业机会，也可能对创业机会的实施造成困难。

巴菲特有一个最简单的选择股票的方法，就是到加油站、食品店和百货店看一看老百姓都在买什么，巴菲特因此选择了保洁、百威啤酒、可口可乐等公司投资，而谷歌创始人布林和佩奇也意识到，只有广大的用户才是为谷歌带来生意的人。因此谷歌一直面向大众，一定程度上降低了企业的风险。

盖茨有关个人计算机的远见和洞察力一直是微软公司和软件业界成功的关键。盖茨积极地参与微软公司的关键管理和战略性决策，并在新产品的技术开发中发挥着重要的作用。他的相当一部分时间用于会见客户和通过电子邮件与微软公司的全球雇员保持接触。

在盖茨的领导下，微软的使命是不断地提高和改进软件技术，并使人们更加轻松、更经济有效而且更有趣味地使用计算机。微软公司拥有长期的发展战略，这一点可以从财政年度26亿美元的研究与开发投资中得到反映。

3.1.3 创业机会的识别过程与方法

1. 机会识别的过程

创业过程开始于创业者对创业机会的把握。创业者从成千上万繁杂的创意中选择了他心目中的创业机会，随之不断持续开发这一机会，使之成为真正的企业，直至最终收获成功。这一过程中，机会的潜在预期价值以及创业者的自身能力得到反复的权衡，创业者对创业机会的战略定位也越来越明确，这一过程称为机会的识别过程，这一识别过程是广义的，具体可分成三个阶段。

阶段一：机会的搜寻。这一阶段创业者对整个经济系统中可能的创意展开搜索，如果创业者意识到某一创意可能是潜在的商业机会，具有潜在的发展价值，就将进入机会识别的下一阶段。

阶段二：机会的识别。相对整体意义上的机会识别过程，这里的机会识别应当是狭义上的识别，即从创意中筛选合适的机会。这一过程包括两个步骤：首先是通过对整体的市场环境，以及一般的行业分析来判断该机会是否在广泛意义上属于有利的商业机会，称之为机会的标准化识别阶段；第二步是考察对于特定的创业者和投资者来说，这一机会是否有价值，也就是个性化的机会识别阶段。

阶段三：机会的评价。这里的机会评价是一个相对正式的步骤，考察的内容主要是各项财务指标，创业团队的构成等，通过机会的评价，创业者决定是否正式组建企业，吸引投资。

2. 机会识别的方法

创业机会的识别有两种方法：解决问题和观察趋势。在此将这两种方法与中国互联网领域相联系来进行解释。①

（1）解决问题——满足需求

马斯洛需求层次理论告诉我们一个重要而有价值的道理，即人类需求是有层次的，同时人的需求是由低级向高级不断发展的。运用这一方法论，有助于我们理解在互联网产业发展过程中，用户需求的不断进化和升级。

互联网的每一次革命，都是解决了网民的对信息获取的难题。例如邮件解决了网民远程信件传递问题；在信息匮乏年代，用户因新鲜、好奇而开始的观察和学习阶段，满足用户互联网中文内容需求的门户网站应运而生；用户实践、思维后，萌发“被动”阅读之外的主动性需求，导致网络游戏、即时通讯、搜索、电子商务的诞生；用户在实践、思维后，认知进化，爆发进一步的“主动

① 林嵩，姜彦福，张韩. 创业机会识别：概念、过程、影响因素和分析架构[J]. 科学学科与科学技术管理，2005（6）：130-167.

性”需求和基本需求外的专业化、细分化、多元化需求。[①]

（2）观察趋势——创造需求

① 从国内电子商务的发展趋势来识别创业机会

中国网民在相当长的一段时期只有 15—20%的人使用电子商务，这和过去多数网民对电子商务、网络支付等不熟悉、不信任有关。随着网民的网龄增加和电子商务环境的改善，无论是使用电子商务的人数还是电子商务的交易额都有了明显的加速趋势。近年来电子商务领域保持着高速成长的态势。中国传统公司在 2010 年开始大规模进入电子商务市场，典型的如苏宁易购、优衣库等。

另外，智能手机的普及、移动支付的便捷化为移动电子商务创造出新机遇，社交电商的兴起也蕴藏了社交网路与电商结合的大量创业机会。

② 从移动网络终端的发展趋势来识别创业机会

移动网络终端正处于高速普及阶段，当前无论是运营商、终端商还是内容提供商，都纷纷开始布局移动互联网市场。手机搜索、游戏、阅读、音乐、互动社区、支付、应用程序商店等移动互联网服务百花齐放，展现出了旺盛的发展活力。未来的移动互联网将创造一个更大的经济市场。

2015 年“中国青年五四奖章”获得者、“创业明星”郭鑫认为，“创业最大的吸引力不是创造了多少财富，多少金钱，而在于你每天都在做新的事情，更关键的是你每天都活得和别人不一样”。他认为社会上的痛点是，社会有问题，而且很难解决，要么是解决方法有瓶颈，要么是解决方法不够先进，需要革命。

3.2 互联网创业机会的评价

3.2.1 蒂蒙斯的创业机会评价框架

成功识别创业机会，对创业机会进行科学、理性、系统的评价是创业活动成功的起点和基础。蒂蒙斯创业机会评价体系，这个工具可以帮助很多创业导师和创业者，科学深入地评价创业项目的可行性及其价值性。

蒂蒙斯的创业机会评价框架，涉及行业和市场、经济因素、收获条件、竞争优势、管理团队、致命缺陷问题、个人标准、理想与现实的战略差异等八个方面的 53 项指标。通过定性或量化的方式，创业者可以利用这个体系模型对行

---

① 张玉利，陈寒松. 创业管理（第 2 版）[M]. 北京：机械工业出版社，2011：86-88.

业和市场问题、竞争优势、财务指标、管理团队和致命缺陷等做出判断，来评价一个创业项目或创业企业的投资价值和机会。评价框架见下表 3-2。

表 3-2 蒂蒙斯创业机会评价表

评价项目	评价指标
行业和市场	① 市场容易识别，可以带来持续收入 ② 顾客可以接受产品或服务，愿意为此付费 ③ 产品的附加价值高 ④ 产品对市场的影响力高 ⑤ 将要开发的产品生命长久 ⑥ 项目所在的行业是新兴行业，竞争不完善 ⑦ 市场规模大，销售潜力达到 1 千万～10 亿元 ⑧ 市场成长率在 30%～50%甚至更高 ⑨ 现有厂商的生产能力几乎完全饱和 ⑩ 在五年内能占据市场的领导地位，达到 20%以上 ⑪ 拥有低成本的供货商，具有成本优势
经济因素	① 达到盈亏平衡点所需要的时间在 1.5～2 年以下 ② 盈亏平衡点不会逐渐提高 ③ 投资回报率在 25%以上 ④ 项目对资金的要求不是很大，能够获得融资 ⑤ 销售额的年增长率高于 15% ⑥ 有良好的现金流量，能占到销售额的 20%～30%以上 ⑦ 能获得持久的毛利，毛利率要达到 40%以上 ⑧ 能获得持久的税后利润，税后利润率要超过 10% ⑨ 资产集中程度低 ⑩ 运营资金不多，需求量是逐渐增加的 ⑪ 研究开发工作对资金的要求不高
收获条件	① 项目带来附加价值的具有较高的战略意义 ② 存在现有的或可预料的退出方式 ③ 资本市场环境有利，可以实现资本的流动
竞争优势	① 固定成本和可变成本低 ② 对成本、价格和销售的控制较高 ③ 已经获得或可以获得对专利所有权的保护 ④ 竞争对手尚未觉醒，竞争较弱 ⑤ 拥有专利或具有某种独占性 ⑥ 拥有发展良好的网络关系，容易获得合同 ⑦ 拥有杰出的关键人员和管理团队

续表

评价项目	评价指标
管理团队	① 创业者团队是一个优秀管理者的组合 ② 行业和技术经验达到了本行业内的最高水平 ③ 管理团队的正直廉洁程度能达到最高水平 ④ 管理团队知道自己缺乏哪方面的知识
致命缺陷	① 不存在任何致命缺陷
个人标准	① 个人目标与创业活动相符合 ② 创业家可以做到在有限的风险下实现成功 ③ 创业家能接受薪水减少等损失 ④ 创业家渴望进行创业这种生活方式，而不只是为了赚大钱 ⑤ 创业家可以承受适当的风险 ⑥ 创业家在压力下状态依然良好
理想与现实的战略差异	① 理想与现实情况相吻合 ② 管理团队已经是最好的 ③ 在客户服务管理方面有很好的服务理念 ④ 所创办的事业顺应时代潮流 ⑤ 所采取的技术具有突破性，不存在许多替代品或竞争对手 ⑥ 具备灵活的适应能力，能快速地进行取舍 ⑦ 始终在寻找新的机会 ⑧ 定价与市场领先者几乎持平 ⑨ 能够获得销售渠道，或已经拥有现成的网络 ⑩ 能够允许失败

1. 评价体系说明

（1）主要适用于具有行业经验的投资人或资深创业者对创业企业的整体评价。

（2）该指标体系必须运用创业机会评价的定性与定量方法才能得出创业机会的可行性及不同创业机会间的优劣排序。

（3）该指标体系涉及的项目比较多，在实际运用过程中可作为参考选项库，结合使用对象、创业机会所属行业特征及机会自身属性等进行重新分类、梳理简化，提高使用效能。

（4）该指标体系及其项目内容比较专业，在运用时一方面要多了解创业行业、企业管理和资源团队等方面的经验信息，一方面要掌握这 50 多项指标内容的具体涵义及评估技术。

2. 创业机会评价的两种简便方法

蒂蒙斯创业机会评价体系只是一套评价标准，在进行创业机会评价实践时，还需要科学的步骤和专业的评价方法才能操作。下面介绍两种常用且易操作的评价方法。

（1）标准矩阵打分法

标准打分矩阵，是指将创业机会评价体系的每个指标设定为三个打分标准，比如最好 3 分，好 2 分，一般 1 分，形成的打分矩阵表。在打分后，求出每个指标的加权评价分。

这种方法简单易懂，易操作。该方法主要用于不同创业机会的对比评价，其量化结果可直接用于机会的优劣排序。只用于一个创业机会的评价时，则可采用多人打分后进行加权平均。如果其加权平均分越高，说明该创业机会越可能成功。一般来说，高于 100 分的创业机会可进一步规划，低于 100 分的创业机会，则需要考虑淘汰。

（2）贝蒂（Baty）选择因素法

该方法可以看作是标准矩阵打分法的简化版。评价者通过对创业机会的认识和把握，按照蒂蒙斯创业机会评价体系的各项标准，看机会是否符合这些指标要求。如果统计符合指标数少于 30 个，说明该创业机会存在很大问题与风险；如果统计结果高于 30 个，则说明该创业机会比较有潜力，值得探索与尝试。应用该方法时需要注意一点，如果机会存在“致命缺陷”，需要一票否决。致命缺陷通常是指法律法规禁止、需要的关键技术不具备、创业者不具备匹配该创业机会的基本资源等方面的系统风险。

该方法比较比较适合于创业者对创业机会进行自评。

3. 蒂蒙斯创业机会评价体系的局限性

（1）评价主体要求比较高

蒂蒙斯的创业机会评价指标体系是到目前为止最全面的评价指标体系，其主要是基于风险投资商的风险投资标准建立的，这与创业者的标准还是存在一定的差异。这些评价标准经常被风险投资家使用，创业家可以通过关注这些问题而受益。该评价体系运用，要求使用者具备敏锐的创业嗅觉、清晰的商业认知、丰富的管理经验和系统的行业信息，要求比较高。如果直接给初次创业者或大学生创业者来做创业机会自评，效果不会太好。即使如此，仍然不影响该评价体系作为创业者的项目选择与评价的参考标准。

（2）蒂蒙斯指标体系维度有交叉重复问题

该指标体系的各维度划分不尽合理，存在交叉重叠现象。比如，在竞争优势、管理团队、创业家的个人标准和理想与现实的战略性差异这四个维度中，都存在“管理团队”的评价项目。维度划分标准不够统一。再比如，行业与市场维度中的第 11 项“拥有低成本的供货商，具有成本优势”，与竞争优势维度中的第 1 项“固定成本和可变成本低”存在包含关系与重叠问题。这会直接影响使用者的评价难度和考量权重，在一定程度上影响了机会评价指标的有效性。

（3）指标体系缺乏主次，定性定量混合，影响效度

蒂蒙斯指标体系另外一个比较明显的缺点是：指标多而全，主次不够清晰；其指标内容既有定性评价项目，又有定量评价项目，而且这些项目中有交叉现象。一方面，评价指标太多，使用不够简便。另一方面，在运用其对创业机会进评价时，实际上难以做到对每个方面的指标进行准确量化并设置科学的权重，实践效果不够理想。

3.2.2 刘常勇的创业机会评价框架

刘常勇的创业机会评价设计市场评价、回报评价两方面的 14 项指标，具体参见下表 3-3。与蒂蒙斯创业机会评价框架相比，该框架更加简单，易于操作，并且更加符合中国企业的特点。具体评价方法参照标准矩阵打分法和贝蒂选择因素法。

表 3-3 刘常勇创业机会评价表

评价项目	评价指标
市场评价	① 是否具有市场定位，专注于具体顾客需求，能为顾客带来新的价值 ② 依据波特的五力模型进行创业机会的市场结构评价 ③ 分析创业机会所面临市场的规模大小 ④ 评价创业机会的市场渗透力 ⑤ 预测可能取得的市场占有率 ⑥ 分析产品成本结构
回报评价	① 税后利润率至少高于 5% ② 达到盈亏平衡的时间应该不超过 2 年 ③ 投资回报率应高于 25% ④ 资本需求量较小 ⑤ 毛利率应该高于 40% ⑥ 能否创造新企业在市场上的战略价值 ⑦ 资本市场的活跃程度 ⑧ 退出和收获回报的难易程度

3.2.3 哈曼的 Potentionmeter 法评估工具

哈曼（Haman）的 Potentionmeter 法可以通过让创业者填写针对不同因素的不同情况，预先设定好权值的选项式问卷的方式，以便快捷地得到特定创业机会的成功潜力指标。对于每个因素来说，不同选项的得分范围为-2～+2 分，通过对所有因素得分的加总得到最后的得分，总分越高说明特定创业机会成功的潜力越大，只有那些最后得分高于 15 分的创业机会才值得创业者进行下一步策划，低于 15 分的都应被淘汰。

3.3 学会寻找创业机会

3.3.1 寻找创新点

随着中国使用互联网的人在不断的增多，对应市场营销领域，互联网也在不断地改变用户的行为和消费方式，线上支付也在不断地发展，方便着人们的生活。越来越大的企业由此走进网络营销，想要借助这个拥有数亿人的平台抢占到更多的市场份额。正如李开复所说，中国正在成为世界上最棒的创业乐园，中国的人口红利、传统行业较为薄弱的现状以及仅次于美国的投资圈生态系统都将成为当下国内创业者们获得成功的天时地利。

近年来，京东、阿里的先后上市，让中国消费者看到了互联网对传统商业的巨大变革，滴滴、Uber 的出现更是让出租车受到了巨大的威胁，但在李开复看来，互联网对于传统领域的革命才刚刚开始，“未来更多的行业都将会被互联网所颠覆”（摘自新浪科技《李开复：如何找到创业的最佳切入点》）。

互联网的不断发展让我们看到了互联网市场的勃勃生机以及广阔前景，创业者们蜂拥而上，想要占领一席之地。但是并不是所有的企业都能够存活下来，而存活的企业必须拥有的就是创新精神，必须先做的就是在互联网领域寻找到适合自己的创新点。

在一个行业之中，新进入的竞争者想要打败该行业的龙头老大往往是很难的，这不仅体现在资金、人才等方面的不足，还体现在对于该行业之中各种现象的把握以及反馈。所以，新进入的竞争者往往需要找到一个创新点，另辟蹊径，避开大企业的锋芒。

现在科技的发展推动着经济等等方面的不断前行，创新变成了创业不可忽视的一个重要条件，良好的社会环境等等给创业者们提供了好的平台，这是一个最好的时代，同时也是一个最坏的时代，人人都可以创业，但不会人人都能成功。

3.3.2 寻求创新的策略

想要创业的人必须要善于寻找好的创业点子，才能有的放矢，真正的创业成功，那么如何寻找创业点子呢？

1. 寻找潜在的商业点子。依照目前的科技等等的发展状况，我们不妨大胆的想象一下在未来商业领域会有怎样的颠覆情况。从阿里巴巴等创业公司的例子，我们不难发现，成功的创业点子总是超前的，未来生活也许会以新的技术来代替陈旧的方式，颠覆我们的消费观念。

2. 解决你目前困惑的问题。Colin Barceloux 在上大学时就为高昂的费用而苦恼，毕业两年以后，他创建了 Bookrenter. com 公司，以六折的价格提供租借课本的服务，并从一个人单干发展到现在拥有 150 万用户，逾 200 名员工的规模。你现在棘手的问题，也许就是新的商机，把握住新的机会去解决问题，说不定就能助你创业成功。

3. 细分市场。在你了解你想要进军的行业之后，你需要对于关注这个问题的市场成员进行大量的调查研究。在目前市场中可能会伸手进入这个行业的巨头们对于该项目的看法，他们怎么做的，做了什么，忽略了什么。然后选择他们忽略的空白市场入手，不管这个细分市场有多小，都值得一试。

4. 充分使用你的技能。创业者在创业时，需要整合大量的资源，其中包括自己拥有的技能。好的创业者会将自己所用的技能试着与新领域的需求相契合，寻找合适的领域，将技能运用在新的领域之中。以自己所长作为与别人竞争的部分将会使你更有优势。

5. 找到一个陈旧没有革新的领域。当你找到你的新点子的时候，你需要充分的了解目前该领域的市场现状，是否有很多创业者正在做这个项目，如果有，自己是否具备与他们竞争的优势。还要关注在这个领域里，是否有一些商业的大头正在接触，已经做到了什么程度等等。如果贸然的开始进入一个新领域发展，也许会因为产品缺乏竞争力或者晚一步进行市场推广，就很有可能因为资金等大量投入却得不到回报而背上沉重的负债。

6. 为现有的产品打造一个廉价的版本。除了重新开发新的产品之外，还有一个方法就是为现有的产品打造一个价格更加低廉的版本。这种效果既可以通过降低成本来实现，也可以通过减少差异化来实现，大多数的顾客们在购买商品的时候，往往会追求商品的性价比。这时候，对于创业公司来说，用低价格而非低品质来征服消费者以扩大市场份额寻求更好的发展是一种不错的选择。

7. 与顾客交流。生产产品是为了能够销往市场，而销往市场就意味着，产品需要满足顾客的需求，所以当你发现一个新的点子并将要为此付诸行动时，和有此需求的顾客进行交流将会给你带来意料之外的收获。如果你立志成立一家与旅游相关的公司，那么你可以加入一些旅游爱好者多的团体，询问他们目前的哪些需求还没有被解决或者还有完善的空间，充分的了解他们的需求以及偏好，有助于新产品的研发与推广。

8. 混合、匹配思维。众所周知现在的互联网平台给创业者带来了更多可能性，“互联网+”的发展也让创业者们重新思考什么叫做混合、匹配思维，互联网+商场=淘宝、互联网+出租车=滴滴，这样的例子有很多，而且不仅仅限制于互联网，当你思考现在两种行业进行结合的时候，往往会得到很多的创意，这说不定就是你成功的开始。

3.3.3 寻求执行力的策略

所谓执行力，指的是贯彻战略意图，完成预定目标的操作能力，是将企业战略、规划转化为效益、成果的关键。执行力包含三个维度，即完成任务的意愿、完成任务的能力、完成任务的程度。而针对对象而言，执行力又有三个层面，分别是个人层面是否能按时按质按量地完成自己的工作；团队层面而言是否能在完成自己工作的基础上，达到团队的目标，保障团队的战斗力；企业层面而言则是是否能在预定的时间内完成企业的战略目标，保证其及时性及质量。

我们发现，团队的执行力，必须是构建在三个层次上的，即组织管理机制、人力资源、领导力，这三者的顺序不能出现颠倒。不难理解，评判一个团队的执行力如何，需要看其是否拥有好的管理机制，这种机制是否能够让人各司其职，充分的发挥大家的长处，是否拥有好的人才，是否拥有一个能够掌握主导的领导人，这些都是当我们看一个团队是否拥有好的执行力时必看的条件。

那作为创业者——团队的领导者，我们应该先如何为人才们创造一个良好的舞台呢？

首先，需要建立相应完善的制度。建立完善的制度意味着建立好了团队的骨骼，让团队成员们能在定制好的框架之中寻找到自己合适的位置成为合适的齿轮，并且能够让这些齿轮能够不偏离自己的位置，即使偏离了，也能很快的扭转回来。

其次，需要建立好的体系。设立合适的部门以及明确部门之间的关系，该体系就将负责团队甚至企业内各部分的协调发展及正常运作。这一步就相当于给有了骨骼的企业增加了经络与肌肉，能够让整个团队能够自己运转。

然后，需要有良好的沟通。在团队之中，沟通的重要性不言而喻，如何能让执行力完美的得到呈现，如何能让领导的指示被员工们了解，都来源于良好的沟通。建立良好沟通的过程就相当于是给企业注进了血液，能够让所有的齿轮能够润滑，资源的共享使得信息不对称的可能性大大减小，更有助于计划的实施。

最后，需要建设相应的企业文化。只有大家有了一样的目标，才有可能力往一处使。而企业的文化建设能够让员工产生归属感，提高工作效率。

只有做好以上的方面，才能够保证在人力资源投入以后，各个人才能够充分地发挥他的价值，增强团队的执行力。

如今迅猛发展的知识经济时代，使得员工的素质不断提高，自我意识日趋成熟，只有制定合适的团队目标，在良好的体系下建立合适的激励措施，才能够真正的调动员工的积极性，增强团队的战斗力。

【案例分享】

村支书赤子情，远山助创业脱贫

李君是电子科大的优才生，毕业后通过自己的努力成为了成都一家广告公司的副总，年薪 18 万的高级白领，成功之后他毅然决然地选择了回到了故乡苍溪县一个偏远贫穷的小山村—— 岫云村。

岫云村距苍溪县县城 53 公里，距镇场 8 公里，全村辖 6 组 264 户 944 人，人均耕地面积仅 0.6 亩（1 亩≈666.67 平方米）。由于区位劣势，在李君还没有回到岫云村之前，村民年人均纯收入远远低于全县平均水平，岫云村也是国家级重点贫困村，全村留守在家的 80 岁以上老人 22 人、10 岁以下儿童 83 人、一二级残疾人有 16 人、五保户 7 人、低保户 46 人、癌症和慢性病患者 32 人。全村长年在外务工人员 486 人，留守老人 203 人。

面对村里的情况，他不断脱贫的良策，寻找带领村民走向富裕的路途。他说：“我不想让村子空下去，不想让乡亲们永远穷下去，因为，我的根在这里，我是岫云人啊。”

最初李君将城里的老板朋友源源不断地带向村里，希望他们找到商机，投资助力，然而这个办法并没有太大的作用；他跑华西村，跑宝山村，费尽口舌，游说求援，终于找到了捐赠资金50万，将村里泥泞不堪的道路硬化一新；他继续奔走，继续思谋，继续求助，创新扶贫思路“远山结亲·以购代捐”，中国大唐集团四川分公司定点帮扶来了，成都一家家企业爱心认购来了。

他依然不满意岫云村的发展状况，李君认为要让乡亲们有尊严地彻底脱贫，不仅靠捐助，不仅靠爱心，还要靠自强自立，靠勤劳智慧，体面地走向富裕。

带着信心，怀着希望，李君开始了崭新的谋划：他探索出“互联网+小农经济”的模式，成立“一品一家”农业发展有限公司，让村里的绿色产品走向城市，走向远方，让城里人和村里人成为亲戚，成为朋友，让空寂的乡村热闹起来，让贫穷的土地富裕起来。

李君动员渴望脱贫的农村家庭，利用田边地角的闲置土地，发动闲不住的留守老人，让他们养鸡，养鸭，养猪，不用饲料，不用添加剂，不用催肥，只为养出让城里人彻底放心的绿色产品。他不是诗人，却给那些自然长大的牲畜们取了一个个美丽诗意的名字，叫它们“时光鸡”“岁月鸭”“年华猪”。

对于岫云村的创业发展思路，李君是这样阐述的：“鸡鸭猪均改变传统以重量计价的方式，改以生长周期和数量计价，以比当地市场价高出 30%—50%的保护价收购；消费者通过手机端下单，平台根据预售情况组织贫困户分批进行订单式生产，合作农户可以提前一年预售自己的农产品；自建客户评价体系，年终得分高者第二年可以对其提高收购价，同时采取额外现金奖励，相当于二次分红，得到客户好评越多，收益越高；消费者对生态农产品的信心和客观的评价体系，使得贫困户摆脱了农产品价格周期波动和其他市场风险。”

村民对于城里人是否绝对相信质量，这样做能否脱贫这一系列问题表示非常疑惑。为了解决这些问题，李君在成都开了三家线下体验餐厅，目前经营良好。另外，为了更好地精准扶贫，李君还借助自建网上购销平台，为每户村民建立生产档案，将农户的家庭情况、生产资源、劳动能力、出产产品采集到手机终端，每一样产品都可以追溯到生产农户；同时根据家庭收入情况，对合作农户分成特困户、贫困户、一般户 3 类，对特困户和贫困户的产品，进行拍卖和优先预售，确保贫困程度深的合作农户优先、最大受益。”

在李君的带领发展下岫云村合作社已经被评为‘四川省农民专业合作社示范社’呢，而且成效不错。2014 年，企业销售 300 余户贫困农户养殖的土猪、土鸡、土鸭等生态农产品，总价值 270 万元，合作农户人均增收 1800 元。2015 年，岫云村模式推广至白驿镇、月山乡、五龙镇等 50 余个行政村，未来力争覆盖 200 个贫困村，吸引 1 万贫困户直接参与，合作农户在 2017 年之内即可在全县提前脱贫。我坚信，前景一片大好。”

小支书，大情怀，创新电商崭新模式，不仅感动了乡亲，也吸引了各大媒体。

人民日报以《城里的“亲戚”数不清》对此进行了专题报道；四川日报以《偏僻小山村有了扶贫升级版》《远山结亲 扶助山村的梦想》；四川新闻以《扶贫攻坚进行时——远山结亲　手拉手脱贫奔小康》予以两次头条报道；四川电视台累计在黄金时段播报次数达 10 余次；新浪、搜狐、华西都市报、成都商报等地方媒体也争相报道，极大地吸引了河南、山东等 5 个省份和金堂、阆中等 13 余个县区的关注。

【思考题】

1. 你认为影响李君进行创业选择的主要因素有哪些？

2. 李君在创业过程中他进行了那些方面的创新？

4　互联网创业商业模式

本章重难点

【本章重点】

互联网商业模式是企业创造价值、实现价值的核心商业逻辑，是企业的内在本质。

工具型、长尾型、平台型、免费型是互联网创业的主要商业模式。

互联网商业模式的构建主要包括战略定位、资源整合、盈利模式设计、业务统筹、财务结构设计、商业价值实现等环节。

商业模式不同于盈利模式，商业模式追求市盈率，即企业价值回报，盈利模式注重利润率，及产品价值回报。

【本章难点】

长尾型商业模式主要通过 C2B 实现大规模个性化定制，核心是“多款少量”，需要低库存成本和强大的平台基础。

互联网经济是以吸引大众注意力为基础，去创造价值，然后转化成赢利。

互联网企业不能只盯着用户流量，任何一个好的商业模式本质上是要能够盈利并持续成长。

4.1　互联网商业模式

4.1.1　工具型商业模式

随着互联网的发展，信息交流越来越便捷，志同道合的人变得更容易聚在一起，形成社群。在这种情况下，互联网将散落在各地的星星点点的分散需求聚拢在一个平台上，产生了新的共同需求，并形成了规模，体现了重聚的价值。

如今互联网正在催熟新的商业模式，即“工具+社群+电商/微商”的混合模式。比如微信最开始就是一个社交工具，先是通过各自工具属性/社交属性/价值内容的核心功能过滤到海量的目标用户，加入了朋友圈点赞与评论等社区功能，继而添加了微信支付、精选商品、电影票、手机话费充值等商业功能，正是这种混合模式的实际体现。互联网电商有一句话："流量、成交、转化率。"而微信所具备的一些优势，就是通过与客户之间的关系维护，从而大幅度提高产品的转化率，因为他有天然的 SNS 和社交属性，微信借助手机通讯录将用户捆绑在一起，由于手机通讯录里面都是比较亲密的熟人、朋友，在微信用户的带动下，很多原本不知道该业务的人也开始成为微信用户。这种"病毒营销"的模式无疑扩大了微信的用户群。不仅如此，微信还像面向名人、政府、媒体、企业等机构推出的合作推广业务的公众平台，在帮助这些机构减少宣传成本、提高品牌知名度的同时，无疑也实现了微信自身的推广，扩大了微信用户的规模。后来相继推出了个人公众号，响应自媒体时代的潮流。工具如同一道锐利的刀锋，它能够满足用户的痛点需求，用来做流量的入口，但它无法有效沉淀粉丝用户。社群是关系属性，用来沉淀流量；商业是交易属性，用来变现流量价值。三者看上去是三个不同方向的，但内在融合的逻辑是一体化的，而只有这三者有机的结合，才能够真正的让适合企业的商业模式产生巨额的盈利。

4.1.2 长尾型商业模式

长尾型商业模式是在长尾理论的基础上建立，长尾理论是网络时代兴起的一种新理论，由于成本和效率的因素，当商品储存、流通、展示的场地和渠道足够宽广，商品生产成本急剧下降以至于个人都可以进行生产，并且商品的销售成本急剧降低时，几乎任何以前看似需求极低的产品，只要有卖，都会有人买。这些需求和销量不高的产品所占据的共同市场份额，可以和主流产品的市场份额相当，甚至更大。

1995 年，由美国人杰夫·贝佐斯创办的书店在网络上开张了，成为了网络上最早开始经营电子商务的公司之一。而在开张后短短一周内，这个网络书店就收到了价值一万二千美金的订单。并在两年之后的 1997 年 5 月 15 日时股票上市，代码是 AMZN，即亚马逊。贝佐斯奉行的是零库存战略，开业之初，亚马逊商城便把供货商开列的一百五十万册书籍的名录放在网上。每当有顾客下单，亚马逊就向供货商订购，然后把收到的书转发给顾客，而库房里常常只有几十本等待转发的书。1997 年上市融资之后，亚马逊开始有计划有步骤地扩展自己的经营领域，先是音像出版物，然后是玩具、软件、游戏等小商品和信息产品，再扩展到服装、运动产品、钟表、珠宝首饰多等不同档次的消费领域；2000 年，亚马逊开始向第三方的企业和商户开放销售平台；2007 年后，以"Kindle"电子书阅读器为开端，亚马逊发展自有品牌的消费电子产品，贝索斯着眼长远的发展策略意在打造从"地球上最大的书店"到"地球上最大的超级卖场"，贝索斯的企业愿景是亚马逊成为"世界最大的以顾客为中心的企业，人们可以从这里找到和发现他们希望在线购买的任何商品"，因此巨大的长尾给亚马逊带来了超额利润，一举打破了传统商业模式 20%的重度消费者购买 80%产品的营销理论，而让 80%的轻度消费者成为了利润来源的主力军。

长尾型商业模式主要是媒体行业从面向大量用户销售少数拳头产品，到销售庞大数量的利基产品的转变，虽然每种利基产品相对而言只产生小额销售量。但利基产品销售总额可以与传统面向大量用户销售少数拳头产品的销售模式媲美。通过 C2B 实现大规模个性化定制，核心是"多款少量"。所以，长尾模式需要低库存成本和强大的平台，并使得利基产品对于兴趣买家来说容易获得。

4.1.3 平台商业模式

平台型商业模式的核心是打造足够大的平台，产品更为多元化和多样化，更加重视用户体验和产品的闭环设计。

企业可以放大，原因有：第一，这个平台是开放的，可以整合全球的各种资源；第二，这个平台可以让所有的用户参与进来，实现企业和用户之间的零距离。在互联网时代，用户的需求变化越来越快，越来越难以捉摸，单靠企业自身所拥有的资源、人才和能力很难快速满足用户的个性化需求，这就要求打开企业的边界，建立一个更大的商业生态网络来满足用户的个性化需求。通过平台以最快的速度汇聚资源，满足用户多元化和个性化需求。所以平台模式的精髓，在于打造一个多方共赢互利的生态圈。

阿里巴巴 B2B 从纯粹的商业模式出发，与大量的风险资本和商业合作伙伴相关联构成网上贸易市场，在充分调研企业需求的基础上，将企业登录汇聚的信息整合分类，形成网站独具特色的栏目，使企业用户获得有效的信息和服务。同时以免费会员制吸引企业登录平台注册用户，从而汇聚商流，活跃市场，会员在浏览信息的同时也带来了源源不断的信息流和无限商机。

4.1.4 免费型商业模式

"互联网+"时代是一个"信息过剩"的时代，也是一个"注意力稀缺"的时代，怎样在"无限的信息中"获取"有限的注意力"，便成为"互联网+"时代的核心命题。注意力稀缺导致众多互联网创业者们开始想尽办法去争夺注意力资源，而互联网产品最重要的就是流量，有了流量才能够以此为基础构建自己的商业模式，所以说互联网经济就是以吸引大众注意力为基础，去创造价值，然后转化成赢利。

很多互联网企业都是以免费、好的产品吸引到很多的用户，然后通过新的产品或服务给不同的用户，在此基础上再构建商业模式。比如 360 安全卫士、QQ 等。互联网颠覆传统企业的常用打法就是在传统企业用来赚钱的领域免费，从而彻底把传统企业的客户群带走，继而转化成流量，然后再利用延伸价值链或增值服务来实现盈利。

2009 年，奇虎 360 杀毒推行永久免费下载，开创了杀毒软件免费的先河，在市场上获取了极大的市场份额，在 2016 年度，360 安全卫士以 91.76%的市场份额占据榜首，360 杀毒以 73.91%的市场份额排名第二，"卫士+杀毒"组合成为目前国内 PC 的主流安全配置，因此获取了大量的用户群来获得经济效益。随后发布平台级产品（包括 360 安全浏览器、360 软件管家、360 手机卫士等），并在平台上销售广告位来获取在线营销服务利润；其次，依靠搜索引擎转介服务获得流量收入，如通过合作将浏览器导航主页默认搜索引擎改为某企业的搜索引擎，那么该企业就要为 360 付费；同时 360 还提供互联网增值服务（网页游戏）、远程技术支持（人工杀毒、人工管家等）。

信息时代的精神领袖克里斯·安德森在《免费：商业的未来》中归纳基于核心服务完全免费的商业模式：一是直接交叉补贴，二是第三方市场，三是免费加收费，四是纯免费。如果有一种商业模式既可以统摄未来的市场，也可以挤垮当前的市场，那就是免费的模式。

4.2 互联网商业模式概念内涵

4.2.1 互联网商业模式的概念理解

互联网商业模式是以互联网为媒介，为实现客户价值最大化，把能使企业运行的内外各要素整合起来，形成具有高创新、高价值、高盈利、高风险的全新商业运作和组织构架模式。它是企业创造价值、实现价值的核心商业逻辑，是企业的内在本质。

对其概念的理解应注意“5W+2H”，即：一个组织以互联网为载体，在何时（When）、何地（Where）、为何（Why）、如何（How）和多大程度地（How much）为谁（Who）提供怎样的（What）产品和服务以实现企业盈利。

4.2.2　互联网商业模式的特征

移动互联网迅猛发展，正成为众多企业争夺的战场，纵观成功的移动互联网公司商业模式创新实践，其商业模式一般具有以下四大特征：

第一，创新性。互联网企业要始终在激烈的市场竞争中站稳脚跟，就必须结合互联网创新思维，建立独特的商业模式，使竞争对手难以模仿，形成自己的核心竞争力。创新性要求我们不能照搬照抄现有成功企业的商业模式，而要始终坚持创新的理念。创新可以侧重以下方面：① 关注客户需求，为客户提供独特的价值。马云曾说过：“如果银行不改变，那我们就改变银行”，于是余额宝就诞生了，之后各种“宝”如雨后春笋般出现。互联网金融极大地满足了人们的需求，为实现全民理财提供了便利；② 增强企业核心竞争力，注重知识产权的创造、运用、保护与管理。iPhone 因其卓越的硬件设施、近乎完美的产品用户体验，为苹果公司吸引了并维持着一个忠诚度相当高的顾客群体。苹果的技术水平远远领先于其他品牌的智能手机企业，这也使得苹果公司牢牢地占据着智能手机市场龙头的地位（智能手机市场的利润苹果一个公司就占了将近90%）。③ 建立跨界思维并付诸实践。腾讯是一个怎样的企业？是一个通讯工具开发企业？还是一个多媒体企业？又或者是游戏开发企业？都是，但也都不全是。移动互联网时代，你很难用一个“属性”去界定一个企业，行业、企业之间的边界越来越模糊不清。互联网+金融、互联网+旅游、互联网+医疗……“互联网+”将成为前瞻性企业的竞争制胜利器。

第二，独特价值性。成功的企业始终坚持“顾客中心”理念，为其提供独特的价值。有时这个独特价值可能是新的思想，新的模式；而更多的时候，它往往是能为客户提供良好的体验，更方便的服务，使得客户能用更低的价格获得同样的价值，超越客户的期望，使其成为企业的忠实客户。“滴滴打车”推出之后，消费者因为其方便、省钱的特点而选择使用。之后，滴滴公司陆续推出专车、拼车、顺风车服务，抓住不同层级消费者的需求，使得公司业务覆盖面更广。

第三，务实性。成功的互联网商业模式不能只是一味追求创新，更需要脚踏实地、实事求是。互联网浪潮的冲击使得创业机会大大增加，然而也有很多公司成立不久便夭折了，原因之一就是创业者往往只关注“仰望星空”，而没有注重“脚踏实地”。务实性要求企业对客户消费行为、客户关注的利益和价值、市场竞争状况等有正确的把握，而且商业模式创新要与企业资源能力相匹配，这样提炼出的商业模式不仅具有创新性，而且具有务实性和可行性。

第四，风险性。任何企业与互联网挂钩，即意味着高收益和高风险并存。2012 年互联网行业风险分析报告指出，2011 年互联网行业的运行中遇到不少问题。安全管理上有天涯用户账户被窃事件；电商企业融资越来越多，售价越来越低，重复着融资——烧钱——赔钱的怪圈；成百上千的团购网站先后倒闭等等。因此，互联网创业需要创业者有全面的强大的素质与能力来应对创业过程中来自各方面的风险。

4.3 互联网商业模式的构建

4.3.1 互联网商业模式的构建过程

移动互联网时代，市场千变万化，互联网企业想要在市场中拥有自己的一席之地，首先要具备合理、独特、有效的商业模式。可见，商业模式的构建是互联网企业的重中之重，其过程可归纳为以下的关键六步。

1. 战略定位

明晰的战略定位是构建商业模式的基础，也是企业发展的源泉。互联网的快速发展为创业者提供了大量的创业机会，在这样的大环境下，企业更应该在纷繁缭乱中明确自己的战略定位。企业对客户的界定、对产品的提供、对市场的把握是战略定位的核心部分。

（1）客户界定

客户是商品或服务的接受者，客户界定即是目标消费人群的确定。优秀的商业模式一定有其特定的客户群体。客户界定是战略定位的基础，此后企业研究客户的需求，提供其满意的产品并进行推广和技术创新等才有明确的方向。

【案例】

聚美优品是目前中国最受欢迎的化妆品团购平台，公司以女性需求为主导，来锁定具体的团购项目。目标用户为年轻时尚的广大女性群体，专业为女性美丽提供服务品团购，成立至今已拥有5000万注册用户。

（2）产品提供

所有交易能够达成，一定是企业提供的产品与用户的需求相契合。然而在商业快速发展的今天，产品种类虽然越来越丰富多样，却也越来越趋于同质化。因此，企业要想留住客户，必须提供更好的产品以满足用户的需求，即产品要具有难以模仿性和难以替代性。这需要企业不断改进技术和创新，为用户提供物理和心理的双重满足。

【案例】

苹果公司的产品系列从iPod、iMac、iPhone到iPad不断地推陈出新，引领潮流。更重要的是，在微软Windows操作系统和Intel处理器独霸市场的时候，苹果依然坚持推出了自己独立开发的系统和处理器。步入移动互联网时代，电子设配移动端的重要性正在慢慢提升，并将逐步超越甚至替代PC端，因此苹果公司对产品追求完美的坚持也为自己赢得了未来广阔的增长空间。

（3）市场定位

市场定位立足于客户界定和产品定位，更着眼于市场发展。市场定位依赖于客户、竞争者以及市场大环境三方面。这要求企业能够洞察客户的真实需求，对竞争对手有充分的了解、认识和分析，以及对市场环境的把握。清晰且正确的市场定位能够让企业在充分饱和或相对饱和的市场中获取竞争优势。

【案例】

Snapchat是一款由斯坦福大学两位学生开发的一款“阅后即焚”照片分享应用。利用该应用程序，用户可以拍照、录制视频、添加文字和图画，并将他们发送到自己在该应用上的好友列表。该应用最主要的功能便是所有照片都有一个1到10秒的生命期，用户拍了照片发送给好友后，这些照片会根据用户所预先设定的时间按时自动销毁。而且，如果接收方在此期间试图进行截图的话，用户也将得到通知。由于Snapchat满足了人们，尤其是年轻人，乐于分享的欲望，但同时又减少内容被永久性记录所产生的压力和紧张。就是由于Snapchat对客户需求的准确捕捉，使需求得到满足，因而获得了市场广泛的认可。该公司已于2017年3月3日在纽交所上市。

2. 关键资源能力归建

关键资源能力是指企业按照其商业模式运转所需要的相对重要的资源和能力。资源是指公司所控制的能够使公司设计和构建的战略得以实施，从而提高公司效果和效率的特性。包括全部的资产、能力、竞争力、组织程序、企业特性、信息、知识等。能力是企业协作和利用其他资源能力的内部特性，由一系列活动构成。关键资源能力的归建是企业能将这些资源和能力进行系统的整合及合理的调度。它是一个企业发展的支撑点，有利于企业获得持续性竞争优势。

企业关键资源能力的构建应注重以下四素。① 资产。资产包括企业的金融资产、实物资产、无形资产等。资产是企业能够由构想变为实体的基础；② 人，即企业的创业团队、领导人、专业技术人才等，它是企业的核心；③ 能力，包括研发能力、技术能力、品牌设计能力、创新能力、组织能力、管理能力等。好的能力是一个企业的优势所在；④ 关系网，即在市场中与企业产生关联的人和各种有形或无形的事物等，包括利益相关者及其资源、渠道、信息等。完整的关系网是企业能够使良性循环发展。关键资源能力构建是商业模式构建的有效基础和强力支撑。

【案例】

小米公司近几年迅速的崛起得益于其强大的宣传能力及营销能力。早期的小米公司对产品研发的投入占比很小。第一代小米就是通过对产品的性价比进行大力宣传，并倡导选择高性价比产品的消费习惯，然后结合饥饿营销的方式赢得了较好的市场反应。在此之后的第二、第三甚至第四代均如法炮制，使得小米迅速占领市场，并成为智能手机市场上一流的大公司。在获得巨大的成功之后，小米开始投入大量的资源进入产品的技术研发，以寻求公司长期发展的支撑力。目前，小米已经拥有了自主研发的手机芯片。

3. 盈利模式设计

确定了战略定位，聚合了关键资源能力，但作为一个企业，如何从中获得利润呢？盈利模式就是要解决企业自身如何获得利润的问题。盈利模式的设计是商业模式顺利推行和快速见效的重要组成部分，更是企业快速发展，持续获得利润的重要保障。盈利模式该如何设计呢？其构建应主要分为以下三种方法：

（1）显性与隐性构建法

显性盈利模式是指消费者可见的供应模式，以及利益相关者之间容易搭建起来的交易结构；隐性盈利模式是指隐藏的需要消费者自己去体会去发下的模式。以下表

表 4-3-1.1

公司	显性盈利模式	隐性盈利模式
麦当劳	直接售卖产品盈利； 收取加盟费盈利；	大批量采购降低成本获得价格优势从而增加盈利
苹果公司	买手机、平板电脑等产品盈利	与应用程序 APP 分成； 与移动运营商分成

（2）成本和收入构建法

我们可以设定成本支付和收入来源两个维度，横坐标表示收入来源分别来自于直接顾客、直接顾客和第三方顾客及第三方顾客；纵坐标表示成本来源，即成本由谁支付，可以分为来自于企业、企业和第三方伙伴、第三方伙伴以及零可变成本。这样就产生了 12 个区域，即 12 种盈利模式，如图所示。

表 4-3-1.2

成本支付				
零可变成本	盈利模式 10	盈利模式 11	盈利模式 12	
第三方伙伴	盈利模式 7	盈利模式 8	盈利模式 9	
企业和第三方伙伴	盈利模式 4	盈利模式 5	盈利模式 6	
企业	盈利模式 1	盈利模式 2	盈利模式 3	
	直接顾客	直接顾客和 第三方顾客	第三方顾客	收入来源

从图可以看到，盈利来源可以不是直接客户或者主营业务，而可能是第三方或其他利益相关者。成本和费用也不一定是企业自己承担，可以转移给其他利益相关者。这样即可减少成本，又可扩大收入来源。

（3）基于产品模式的构建法

基于产品模式的构建法即用一个非盈利甚至免费的产品去吸引客户，并在这个过程中逐步培养客户的使用习惯，在使用习惯养成后，设计一系列的后续盈利产品，然后让消费者使用，形成一条完整的消费链条，并通过不断升级和转换，最终形成一套连续的盈利模式。这一方法在互联网企业尤其普遍适用。互联网领域，如果你将利润寄托于直接销售产品或服务，企业几乎无法生存，

因为在这个行业里，功能几乎都免费了。

【案例】

腾讯公司作为国内互联网企业巨头，它做的是即时通信工具，但提供给用户使用的网络聊天软件 QQ 却是免费的，因此获得大量年轻用户群，这些可以提供长期利润增长的顾客群，使得它很容易在新推出的各项业务中取得成功，比如网络游戏、博客、门户网站等。许多直接用户愿意为它的互联网增值服务掏钱，例如虚拟的衣服、道具、宠物、皮肤等，这些产品的边际成本几乎为零。而这项收入，在 2006 年就达到 18 亿元，占公司总收入的 65%。也就是说，腾讯主要是靠“售卖体验”来盈利。还有 Google，它本是做搜索的，但它的搜索服务等功能是免费的，其 99%的收入来自于第三方投放的广告（即出售使用者的注意力）。

4. 业务统筹安排

（1）确定业务边界

很少存在只有一种业务的企业，大多是企业的业务是多样化的。有核心业务和边缘业务，有短期业务和长期业务，有盈利业务和亏损业务，大量业务的划分使得企业的业务边界日渐模糊，不利于企业有效运行。业务统筹安排就是让企业在“盈利模式设计”的引领下，清晰界定公司业务边界，确定各种业务的类型、特点、时间安排、层次推进等，以此确保盈利模式设计的落地，也是企业规避风险的一种方式。一般而言，在企业发展的初始阶段，应当选择自己最具优势的业务。在企业发展的初始阶段，资源较少，没有稳定的用户群体，因此应当将资源集中于自己最具优势的业务，以求赢得市场。随着逐步发展壮大，企业拥有的资源越来越多，就可以开始将资源慢慢分散，以降低单一行业的经营风险。

【案例】

饿了么刚刚进入外卖行业的时候，美团和百度这两家大企业也开始进入了这个领域。这两大企业在互联网行业成名已久，对刚刚入门的饿了么来说面对的压力可想而知。然而，这两个企业虽然掌握许多的资源，但是他们经营的业务也非常繁多，他们不可能集中太多的资源在一个新的而且竞争激烈领域。饿了么正是瞅准了这一点，集中自己的全部资源于外卖行业，并与两大公司展开了激烈的市场竞争。并最终以其庞大的线上订单量获得了资本市场的认可，稳固了自己的市场份额。

（2）确定业务结构

确定业务结构要求公司应界定好核心业务和边缘业务，界定好近期业务和远期业务，对业务开展的类型、层次和要点进行合理布局，以更好推进业务提升。优秀的互联网企业能够对其业务结构进行优化界定和统筹安排以实现企业的长远发展。

5. 财务结构设计

（1）投融资安排

财务结构安排是商业模式设计的重要层面，其设计到企业投资的来源、对融资的必要安排，同时也会影响带企业经营理念、发展速度和运行策略等。这一部分在本书第七章重点介绍。

（2）现金流管理

现金流量就是企业的“动脉”，任何一个企业要想做大做强离不开现金流量的支撑。互联网企业做大的很多，很快结束的也很多，人们只看到阿里巴巴光鲜的一面，但也应该知道失败的企业非常多，所谓“剩者”为王。现金流量管理贯穿企业的生存与发展全过程。

现金流量管理包括：经营活动现金流管理；应收账款、应付账款、存货周转；商业信用管理等。现金流量管理要求经营决策者在“增长、收益、现金流”之间及平面把握协调发展；同时，现金流量管理也不能孤立进行，它应与企业的现金管理方式、公司组织结构、营销模式、资源配置策略、特别是会计基础体系的建立、供应链财务管理等密切联系、和谐发展。

【案例】

“刷单”是互联网电商企业通常采用一种所谓的快速增大销售额的做法，也是一种有力的竞争手段，但经常使用会饮鸩止渴。许多电商企业在初期发展中，增长速度很快，但基本都在大幅亏损，经营活动现金流量净额长期为负值，大量应付账款或长短期借款、甚至高利贷堆积，同时存在大量库存积压或商返货品。

6. 商业价值实现

（1）创造核心竞争力

不同的互联网企业，其核心竞争力也有所不同。比如，在网络搜索领域，搜索引擎强有力的搜索能力（技术）是企业核心竞争力，确保用户能够准确、快捷、全面地搜索到所需要的信息，尤其是纵深领域的垂直搜索；在即时通信和社区网站领域，企业的核心竞争力是用户黏性，网络外部效应产生的用户规模壁垒；综合门户的核心竞争力是其内容的新颖性、准确性和及时性；网络游戏则是侧重于游戏给用户带来的体验，推出新产品的速度和质量。互联网企业要想在激烈的市场中生存并实现其商业价值，必须创造核心竞争力使之与众不同。

（2）商业价值放大

商业模式设计应考虑企业商业价值的放大作用，企业可以通过资本运营方法提升企业资产价值，可以通过引入投资增强自有资本，可以通过有序投资实现利润增长，可以通过上市等进行转型……种种运作均能够放大企业的商业价值。商业价值的放大能够推进企业的跨越式发展。

【案例】

2014 年 12 月，小米公司在最新一轮的筹资活动中，筹集到 10 亿美元。由科技投资基金 All-stars Investment 领投，这也预示着小米的市值估价将达到 450 亿元。

4.3.2 商业模式的演进和改造

互联网已经成为整个社会的底层架构和标配，其带来的第三次工业革命颠覆了各行各业，企业商业模式的演进和改造依赖于互联网发展产生的以下效应。

1. 网络效应

互联网就是上网，也叫触网。淘宝就是把义乌小商品市场搬到互联网上；京东产生了 B2C 模式，是把中关村买电脑的商场搬到网上。这一触网以后，就产生了互联网第一个效应——网络效应。

网络效应是指企业的价值随着它用户数的增长，呈现出几何级数增长。如果在营销的过程中能够导入网络效应，企业的产品销售就能快速爆发。以滴滴公司为例，滴滴曾经率先推出了“红包优惠券”，具体做法是：用户打到车以后给他 30 张优惠券，如果他发到朋友圈，就有 30 个朋友都能够一起分享到优惠，他们打车的时候可以使用；朋友使用以后，还能拿到优惠券，再进行发布，其他用户（包括第一个用户）依然可以领取，再使用，再发布……滴滴所做的就是利用互联网的网络效应，就一张优惠券发给 30 个人，这 30 个人帮它发给另外 30 个人……30 的 N 次方，很快就在几天内传达到上亿的人数，快速地发布。

2. 互动粉丝效应

当网络效应可以发展更多用户数的时候，就会产生互动粉丝效应。当企业的用户数累计的时候，在企业的用户中间一定能找到合适的粉丝群。以小米为例，小米的销售大多归功于它将近 7000 万粉丝群体，当他们的粉丝无形之中成为销售人员的时候，销售成本大幅度下降，这就是互联网做到粉丝效应。这就是为什么小米用四年时间做成了估值 450 亿美金的一家公司。

3. 用户规模效应

用户规模效应是指企业利用一个侵略性的价格（极端就是免费、补贴），找到一个具有普遍性需求的细分市场，大量获取基础用户，待基础用户数量突破临界点后，网络效应显现，此时通过对高价值用户收费或寻找第三方买单的方式获取收入。例如，360 用免费策略把杀毒软件的客户抢过来，然后给他们装 360 安全浏览器，然后做搜索抢百度的生意；网络游戏对普通用户免费，对少数有钱的“人民币玩家”出售道具来收费。

4. O2O 网络效应

当网络上形成上述几种商业模式以后，许多企业会选择线上的东西进入到线下。京东与 15 余座城市的上万家便利店合作，布局京东小店 O2O，由京东提供数据支持，便利店作为其末端实现落地。例如，京东与獐子岛集团拓展生鲜 O2O，为獐子岛开放端口，獐子岛提供高效的生鲜供应链体系。另外，京东还与服装、鞋帽、箱包、家居家装等品牌专卖连锁店达成优势整合，借此扩充产品线、渠道全面下沉，各连锁门店借助京东精准营销最终实现“零库存”。

5. 生态效应

企业生态效应是指，当企业在单一领域内获得以上效应，以此（即同样的用户群及其数据）作为支撑，逐渐涉足多领域，进行多点模式作战。阿里巴巴布置他的生态效应，从支付，从银行，后面还有保险，都会开始介入，最后阿里巴巴就不再是一个简单的电商公司了，而是一个以用户群和大数据为中心的同心圆公司。

4.3.3 商业模式的误区

互联网时代的大环境，为形形色色企业的商业模式创新提供了层出不穷的机遇与条件。随着这方面实践的增加，人们对商业模式构建、创新的知识经验也在不断积累。与此同时，也不可避免地出现了一些误区。如果我们对此不加注意，上述误区就可能对企业的商业构建产生十分不利的后果。在此主要介绍以下几种误区。

1.“互联网+”就是传统业务电子商务化

在很多人看来，“互联网+”就是原有业务加上一个电商平台，其实不然。“互联网+”之所以对商业模式创新带来革命性冲击，就在于它对商业模式的每一个板块的重塑，尤其是对顾客问题解决方案板块的重塑，带来了无穷的机会和层出不穷的新条件。所谓极度体验，就是指在互联网的技术支持下，人们创造性地组合线上与线下资源（即 O2O），创造出前所未有的新型工作情景，带来前所未有的顾客体验。因此，“互联网+”不是原有业务和电商平台的简单相加，而是以创造崭新体验为目标，以重塑顾客工作情景为中心而展开的商业模式创新构建。

2. 照搬外国模式

众所周知，中国互联网在过去几十年走了一条 C2C（Copy to China）的路，几乎所有知名互联网应用都可以在美国找到它的影子，许多创业者利用美国和中国之间的趋势时间差，把一些硅谷热门的初创公司的商业模式移植到中国，而这些走“C2C”模式的企业，却也很容易遭遇到水土不服的尴尬。

“今夜酒店特价”初期学习的是美国红极一时的 Hotel Tonight 公司。Hotel Tonight 在美国每个城市只做 3 家酒店，这种精品酒店模式可确保每个酒店都能获得大量的订单，从而加强话语权。今夜酒店特价发展初期，同样采用了每个城市只做少数几家精选酒店的方法，但实际效果却与不如预期，公司于 2014 年被京东收购。究其原因，今夜酒店特价的模式照搬外国模式而忽略了中美酒店市场的巨大差异和其他不同（如国情、行情等）。

3. 先圈用户不考虑商业化

不少互联网初创者经常释放这样的观点：我们现在只为了抢占市场，先圈住客户，然后再考虑商业模式。即现阶段不考虑收入，不考虑商业化，不考虑成长问题，先笼络一定的客户再说。在市场既有规模较小的情况下，不少创业者在前期通过烧钱来培育市场，然而一些看似通过烧钱烧出来的用户，和企业黏合度并不大，并且此举还造成了市场的恶性竞争。互联网企业不能只盯着用户数量，任何一个好的商业模式归根竭底是要制造成长。

4. 对竞争形势把握不准

对于变化速度以分钟计算的互联网行业，对创业者最大的威胁便是竞争，许多优秀的项目都因为竞争而被行业中的“第一名”带走了。在中国的互联网行业中，因为有 BAT（Baidu 百度、Alibaba 阿里巴巴、Tencent 腾讯）三巨头的存在，初创者的竞争环境非常残酷。类似 BAT 这样的大公司资本极高，拥有极强的技术力量、社会资源、人才团队，因此对于初创者而言在构建商业模式时，务必要考虑到这些潜在竞争对手的挤压，合理分析和判断竞争环境及形式，千万不要抱有幻想。

如何避免踏入这一误区？企业定位时可以选择将市场细分，然后在细分市场中大展拳脚。比如汽车之家就在汽车这样一个信息高度不对称的行业中，实现了社群垄断。知识问答类的“知乎”，便令用户在由任何奇葩问题产生时第一时间想到了它。

5. 商业模式创新可以取代产品创新

这两年由于互联网的存在，商业模式创新几乎成为了一种时尚，很多企业而言，商业模式创新好像是一剂魔力无边的万用灵药，可以让一个企业起死回生。

这也是一种错误的观点。其实商业模式创新只是一种企业创造价值的方法，而价值的最终载体还是产品和服务。目前很多企业陷入困境并非是因为它们的商业模式有缺陷，而是因为它们的产品和服务有缺陷。产品和服务有缺陷，商业模式再优秀再新颖也无济于事。所以，一个企业要想真正获得持久的竞争力，首先还是要大力研发，打造出优秀的产品，同时进行过程和服务创新，把当前提供的用户价值中的明显缺陷全部消除，然后再考虑商业模式创新。

IBM 的成功不仅仅是商业模式创新，而是它不断地研发，不断推出具有竞争力的强大产品和服务。IBM 每年投入 60 亿美金进行研发，在过去 18 年里，IBM 在申请技术专利上全美国排名第一，共有近六千项。

4.4 商业模式与其他管理要素

4.4.1 商业模式与盈利模式

商业模式不同于盈利模式，前者追求市盈率，即企业价值回报，而后者注重利润率，即产品价值回报。以当当网的成功为例，在 2008 年之前，当当网近十年未实现盈利，待上市之后，其市值达到30亿元，可见其创始人并不是靠盈利模式赚钱，而是依靠股权价值。两者的关系更确切的表述是商业模式内含盈利模式，一个企业的价值包括股权价值、专利价值、品牌价值等等，盈利模式只是其中的一个部分。

4.4.2 商业模式与价值链

商业模式的本质，是价值链。价值链是在一个特定行业、企业或业务领域内产生价值的各项关键活动的有序组合，通过这些关键活动的开展，才能够使企业业务领域得以有效运营，不断循环、周而复始。

价值链环节可以分为内、外两大部分。其“外在”环节直接和消费者需求相对应，是商业模式的核心部分。内容主要包括：① 对产品和服务的定义；② 对终端形态和售卖方式的界定；③ 对交易方式的界定。价值链“内在”环节则是企业在内部和合作伙伴之间所形成的关系，主要包括：内部各部门之间的组织形式或协作方式、外部合作伙伴之间的合作方式、地域价值渠道的选择三个部分。

商业模式创新的关键在于价值链的创新，而“互联网+”对价值链各个环节的改造和颠覆创造了无穷无尽的创新方式。价值链运行的全过程中，通过对原料采购、设计生产、分销渠道、营销广告、销售消费、售后服务等环节进行环环相扣的差异化，最终整个价值链的差异化就形成了企业真正意义上的差异化经营，只有这样才能形成独特的商业模式，并真正构筑起企业的核心竞争力。

另外，价值链中每一环节的创新具有“乘数效应”，企业在不同的商业环境和竞争格局之下，塑造价值链的每一环节都应与其前后若干环节相对应，每一环节又存在多种选择，这就是商业模式复杂的原因。因此我们可以理解为何有的企业靠打价格战赢了，而有的企业却两败俱伤。互联网企业必须遵守价值链的规律，才能享受其带来的“乘数效应”。

4.4.3 商业模式与战略规划

战略规划是指依据企业外部环境和自身条件状况及其变化来制定和实施战略，并根据对实施过程和结果的反馈和评价来调整、制定新战略的过程。商业模式和战略规划都要涉及诸多重要选择（如价值链等），而且这些选择一旦做出并实施，就具有较强的稳定性和持续性。

两者的区别在于：战略规划的内涵大于商业模式。从事前角度看，战略是对商业模式的选择，一个企业创立之初可能会设计多个备选的商业模式，战略规划会通过对不同的备选商业模式进行评估最后决定采用其中的一种。从这个意义上讲，商业模式可以视作企业的战略工具，为企业做出适当的战略决策提供有益的支持。一旦企业的战略规划有变，其商业模式一般也会作相应调整。从事后角度看，商业模式反映的是企业已经付诸实践的战略规划。战略规划也会根据商业模式的实施情况决定是否对其进行调整或者创新，以便商业模式更好地实现战略规划的目标和适应市场发展。

【案例分享】

成功的互联网商业模式——亚马逊

亚马逊公司（Amazon，简称亚马逊），是美国最大的一家网络电子商务公司，总部位于华盛顿州的西雅图。是互联网上最早开始经营电子商务的公司之一。亚马逊由杰夫·贝佐斯创建于1995年，一开始只经营网络的书籍销售业务，现在则扩及了范围相当广的其他产品，已成为全球商品品种最多的网上零售商和全球第二大互联网企业。亚马逊的成功可以总结为以下三点。

第一，亚马逊商业模式的一个核心因素在于“顾客中心”（customer-centric）。

在坚持“顾客中心”方面，亚马逊的做法包括：① 设计顾客为中心的选书系统。亚马逊网站可以帮助读者在几秒钟内从大量的图书库中找到自己感兴趣的图书；② 建立顾客电子邮箱数据库。公司可以通过跟踪读者的选择，记录下他们关注的图书，新书出版时，就可以立刻通知他们；③ 建立顾客服务部。从2000年早期开始，亚马逊雇佣了数以百计的全职顾客服务代表，处理大量的顾客电话和电子邮件。服务代表的工作听起来十分单调，比如，处理顾客抱怨投递太慢、顾客修改订单、询问订购情况，甚至是问一些网络订购的基本问题。正是这些看似不起眼的服务工作，使得亚马逊网站在历次零售网站顾客满意度评比中名列第一。另外，亚马逊通过研究顾客购书习惯，独创了“浏览部分图书内容”（“Look Inside the Book”）服务项目，从而吸引了大量读者上网阅读。

第二，优惠的价格和良好的售后服务。

亚马逊坚持的是降价求售的模式力求规模经济，并通过高效管理订单、仓储与库存来削减成本以贴补提供优惠价格所招致的成本负担。由于网上售书省去了发行的许多中间环节，成本大为降低，所以亚马逊至今保持着高折扣。对亚马逊书店自己选定的书，给40%的低价格折扣；对一般的精装本30%的折扣，平装本 20%。亚马逊的低价格策略，不是对一小部分商品在有限时段打折，而是每天提供低价产品，并且把低价策略扩大到全部产品。而且亚马逊书店还推出免运费价格优惠策略。截至目前，亚马逊仍针对特定产品提供免运费，3.99 美元隔夜送货，以及全年 79 美元提供不限数量的运送服务

第三，横向开拓和垂直挖潜。

2001 年曾经有许多投资机构建议亚马逊网上书店与其他巨头企业合并，但贝佐斯并没有接受这些合并建议，但他选择了横向联合。比如，贝佐斯搭建的交易平台，为玩具商（Toys ‘R’ Us）和电器经销商（Circus City）服务，同时它接手了美国第二大图书销售商（Borders）的网站运营，巩固了自己在网络图书销售市场上的地位。与此同时，亚马逊网上书店开办了 6 个全球网址，分别设在美国、加拿大、英国、德国、法国和日本。这样，通过当地语言网站，可以更好地为不同语种的消费者服务。

从 2002 年开始，亚马逊网上书店开始推出办公用品商店和服装商店。如今，亚马逊网上书店销售的服装和鞋类超过 500 个品牌，这得益于它积极推行“商家项目”，即与各种商家合作，不断开拓产品与服务的空间。

目前，亚马逊网上书店已经不限于销售图书，它销售的商品包括：服装、服饰、电子产品、计算机、软件、厨房用品、家居器皿、DVD、录像带、照相机和相片、办公用品、儿童用品、玩具、旅游服务和户外用品，等等。另外，企业和个人可以通过亚马逊的网站，销售新的或者二手货以及自己的收藏品。亚马逊可以收取固定的费用、销售佣金，以及对特别商品按件收费。2003 年 9 月亚马逊联合 L.A. Clippers Elton Brand 和体育用品商推出了体育用品商店，经销 3000 多种畅销品牌，覆盖了 50 多种体育项目，同时，支持各地的青少年体育俱乐部开展活动。

第四，保持技术上的创新优势。

亚马逊认为，对于互联网商业的经营，最重要的事情就是技术，只有掌握先进的技术，才能保证经营成本比其他竞争对手低，从而使网上的商品可能有竞争性价格优势。然而技术的保持最重要的是创新，这主要体现在亚马逊的服务功能随着科技进步而不断发展。传统书店靠的是门市店员，亚马逊的书店定位是高科技产业，靠的是软件工程师，这些工程师不断地研发创新出服务于客户的软件，不断推出升级软件方便客户的使用。亚马逊借此创新服务以适应用户需求的变化。采纳高新技术还为亚马逊的发展开拓了道路。亚马逊拥有强有力的数据库管理和交互式多媒体技术，网络技术不断创新。比如提高链接速度、

美化网页页面、容纳顾客意见、保护顾客隐私，等等。关注并合理利用新技术是亚马逊成功的保证。

【思考题】

1. 以本章案例为例，任选一个互联网企业，对其商业模式的构建、特征、创新等各方面进行分析（可以选择失败的公司）。

5 互联网创业商业计划书

本章重难点

【本章重点】

商业计划是一份全面说明创业构想以及如何实施创业构想的文件。

创业计划书是描述与模拟创办企业相关的内外部环境条件和要素特点，为业务的发展提供指示图和衡量业务进展情况的标准。

执行摘要、公司简介、产品服务、推行策略、管理团队、财务分析是创业计划书的基本构成要素。

【本章难点】

如何撰写出逻辑清晰、客观、简洁的商业计划书。

年轻人们宁愿把精力用在为自己的简历抹抹画画、增删条目中，也不愿意真正设立一个目标远大的计划。这样的生活看似安全，实质上是把你自己的未来交给了命运而不是你自己。所以有个计划总比没计划强，无论好坏。

——彼得·蒂尔

5.1 创业计划书——创业的指路灯

5.1.1 创业计划书的概念理解

商业计划是一份全面说明创业构想以及如何实施创业构想的文件，是描述所要创立的企业是什么以及将成为什么的文案策划。

创业计划书是一份全方位的商业计划书，其主要用途是递交给投资方，以便于他们能对企业或者项目做出评判，从而使企业获得融资。它是以描述与模拟创办企业相关的内外部环境条件和要素特点，为业务的发展提供指示图和衡量业务进展情况的标准。通常创业计划书是结合了市场营销、财务、生产、人力资源等职能计划的综合性策划书。

创业计划书首先是一颗“探路石”。这要求创业计划书无论是从内容上还是装订上，都要反映出一个创业团队的精神面貌，展现其核心竞争力，即一个团队所拥有的、能够经得住时间考验的、具有延展性的能力。将创业计划书投交给投资方就是将探路石扔进去的过程。这颗探路石能够让正在创业中的团队在创业者众多的洪流之中，探明一个能够继续发展的方向，一个能够合作的伙伴，不断地吸取经验并完善自己的创业计划书。

其次创业计划书起的是“指路灯”的作用。由于现在的创业环境优良，国家政策的支持力度也是前所未有，创业团队比比皆是，创业项目五花八门。在这样复杂多变的环境之下，创业者如何坚持创业的方向，如何根据现有的环境以及自身条件对创业计划做出合适的调整，如何在自己所选的创业项目上进行不断的扩展，都需要创业计划书来进行指导。

创业计划书联系着创业者以及投资方，所以创业计划书中的语言要尽量简单而不能过于生涩，产品概念以及生僻词汇尽量减少出现的次数。

“指路灯”的意思是不仅仅让你能看见你的目的所在，更能让你看清到达目的地之前的前路是怎样的。创业计划书能够详尽地指导创业团队的行为，使得他们的行为有目标导向且有方案指导。

5.1.2 商业计划与商业模式

所谓商业模式，指的是探讨一种生意的可能性，而商业计划则是阐述一个项目的执行细节。准备创业一定要多思考商业模式，做什么、怎么去做、如何做得更快更好？如何去找投资，就得写出商业计划来，投资人更要看你如何能够确保做成功。

5.2 商业计划书的注意事项

5.2.1 商业计划书的构成要素

① 执行摘要

② 公司简介

③ 产品服务

④ 策略推行

⑤ 管理团队

⑥ 财务分析

5.2.2 商业计划书的特征

商业计划书最显著的特征就是 6C 规范：

首先是 Concept（概念）。就是要让别人知道你要卖的是什么。

其次是 Customers（顾客）。顾客的范围要很明确，比如说以为所有的女人都是顾客，那五十岁以上、五岁以下的女性也是你的客户吗。

第三是 Competitors（竞争者）。需要问，你的东西有人卖过吗，是不是有替换品，竞争者跟你的关系是直接还是间接等。

第四是 Capabilities（能力）。要卖的东西自己懂不懂？比方说开餐馆，假如师傅不做了找不到人，自己会不会炒菜？假如没有这个能力，最少合伙人要会做，再不然也要有鉴赏的能力，不然最好是不要做。

第五是 Capital（资本）。资本多是现金，也能够是有形或无形资产。要很清楚资本在哪里、有多少，自有的部分有多少，可以借贷的有多少。

最后是 Continuation（延续经营）。当事业做得不错时，将来的计划是什么。

好的商业计划书除了保证内容结构的完整以外，也需要别的加分项。

内容翔实。创业计划书的读者不仅仅是创业者自身，还有投资方。对于不参与创业本身的投资方来说，创业计划书就相当于一双眼睛，能够以上帝视角看见创业整个过程的进展状况。所以，创业计划书首先要求内容详细，能够让投资方了解想要知道的信息，了解投资的理由以及创业书中能展现出来的利润。其次就是内容要真实，不能采用虚假的数据，虚假的数据一经查实，就会给创业团队带来无法估量的打击，其信任力就会下降，之后难以寻求合作。

数据丰富。创业计划书中有很多需要进行预测的内容，包括市场需求、市场现状、目标顾客以及目标市场等等，这时候需要较为详细以及丰富的数据来支撑得出的结果，增加结论的可信度，让投资方能够看到创业团队的缜密的思维以及完善的运作体系。

体系完整。创业计划书应当有合理的结构以及完整的体系，能够让投资方在创业计划书中迅速地找到自己关注的内容以及自己想要了解的讯息。所以创业计划书应该有一个清晰合理的结构，能够让读者灵活地查找自己需要的信息，也应该有一个完整的体系，这样才能保证投资方能找到想要了解的内容，没有遗漏但也不能过于繁琐。

装订精致。一本好书拥有一个好的封面，才会让人有翻开的欲望，创业计划书也是如此，一个封面好看的计划书能够激起读者的阅读兴趣，产生良好的第一印象。但是创业计划书的封面也不宜过分复杂和花哨，以免喧宾夺主。所以如何把握这个度是十分重要的，一般来说应该以简洁的风格设计封面较为保险。

5.2.3 商业计划书的撰写原则

① 清晰、客观、简洁

② 创业者自身思路的梳理

③ 技术与市场的位置

④ 换位思考

⑤ 少愿景，多细节

5.3 商业计划书的撰写

5.3.1 介绍基本情况

1. 公司介绍

（1）公司概况：这里面可以包括注册时间、注册资本、公司性质、技术力量、规模、员工人数、员工素质等；

（2）公司发展状况：公司的发展速度、有何成绩、有何荣誉称号等；

例 1

公司概况：××科技有限责任公司，根据《中华人民共和国公司法》相关法律、法规设立股东大会，由股东会选任董事长及董事会成员，由董事长兼任总经理，下设技术部、财务部、市场部、公关部。

公司发展状况：第一年，由项目组成员组成创业团队，分管公司各部门事宜，由创业团队队长担任总经理，其余队员分别负责市场，网站维护、开发，财务等部门工作；第二年，完善现有业务，保持现有业务平衡增长，主力完善公司结构；第三年，扩展市场，发展业务，完善教育，生活各类服务，主力打造老年人一站式服务平台。

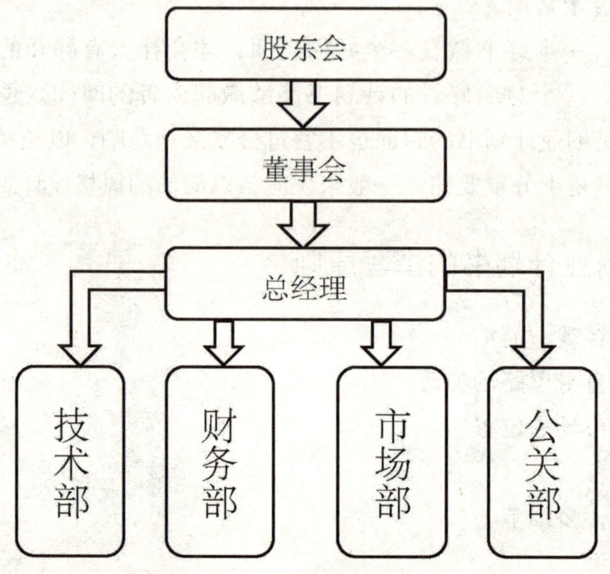

随着企业的发展和壮大，公司人员的增多，我们将重建组织结构：将设立董事会，下设总裁，副总裁。副总裁分管财务部，销售部，策划活动部，公共关系管理部，技术部五大部门。各部门经理各司其职，协力合作。

公司具体人员安排视实际运营情况做出相应调整。

2. 技术方案

技术方案是为研究解决各类技术问题，有针对性，系统性地提出的方法、应对措施及相关对策。内容可包括科研方案、计划方案、规划方案、建设方案、设计方案、施工方案、施工组织设计、投标流程中的技术标文件、大型吊装作业的吊装作业方案、生产方案、管理方案、技术措施、技术路线、技术改革方案，等等。专利文献中，技术方案是指清楚完整地描述发明或实用新型解决其技术问题所采取的技术特征组合。

例 2

本设计首次将工业生产中普遍运用的砂带磨削技术运用于脱墨装置，提出全新的脱墨理念，具有结构简单、轻便、即时等特点，可以直接将其安装在办公室，实现一张纸多次使用，无形中节约了三倍的纸张成本和处理废纸过程中的人力、物力、财力成本。在节约纸张的同时，节约了纸张再生的中间过程。长远来说本产品投产具有较广大的市场前景，能够促进全民节能减排意识和能源的节约。

3. 产品与服务

（1）产品功能简介

例3

- 官网
  - 首页
  - 论坛
  - 在线购买
  - 我的打印机
- 便携式脱墨+打印装置
  - 企业版：企业购买此装置可以实现打印和脱墨功能的结合，最大程度利用纸张。
  - 公益版：政府购买此装置，安置在各个流动性站点。用户通过手机可实现预定打印，并且将不用纸张放入脱墨装置进行回收，实现纸张二次利用。
  - 校园版：此装置可便捷学生打印资料，不用的纸张可以进入脱墨装置进行二次利用。
- 手机APP
  - 新建文档
  - 所有文档
  - 手机云打印：同一局域网和蓝牙可以进行快捷云打印
- 用户积分榜：用户在便携式装置进行纸张脱墨可获得积分

（2）产品实物展示

例4

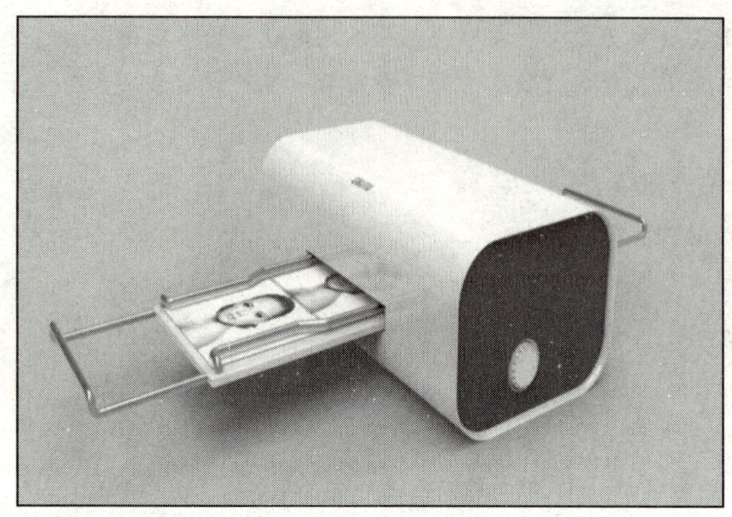

5.3.2 业务介绍

1. 市场分析：

商业计划书中的市场分析部分主要包括以下四个部分：

（1）目标顾客市场描述与分析；

（2）STP 分析；

（3）竞争分析（波特五力模型）；

（4）SWOT 分析。

例 5

（1）目标顾客市场描述与分析

本公司针对“云打印—脱墨一体机”的目标市场顾客的定位有：

① 企业——企业办公室用纸量巨大，本公司的一体机可以将打印过的纸张实现脱墨再打印，用来再次打印一些不太重要的文件、资料，或者是脱墨后当草稿纸使用，经过多次试验，本产品可以实现纸张的 2—3 次脱墨，或者是用来取代碎纸机的功能，将机密文件上的字迹消除，也可以通过我们的云打印，让你不离开座位，也可以打印你想要的文件。

② 打印店——功能上可以完全取代现有的打印机，提供将废旧纸张脱墨再生，并且实现再次打印的服务，也可以使用云打印功能，将需要打印的资料通过我们的 APP 在我们的一体机上打印出来。

③ 政府——作为一种公共基础设施投入市场，放置在人流量比较大的地铁

站、公交车站等，可以在任何时候通过“云打印”打印自己想要的东西；也可以在等待的时候，通过云打印，打印一篇自己想看的故事，看完后将纸张放入一体机自动脱墨即可。

（2）STP 分析

某款太阳能发电智能压缩垃圾桶

S——市场细分

定位潜在的消费者群体：我们选择按照消费者的消费动机和处于的消费场景细分市场，可大致将潜在的消费场景分为以下几个部分：

① 城市花园，街道干道，大型商业圈等公共场所

② 社区以及高端小区

③ 飞机场，动车火车汽车站

④ 高档宾馆和其他服务场所

⑤ 中产阶级及以上家庭

T——目标市场

a）顾客价值分析

产品属性

a. 包装：新颖外壳包装，引领城市发展，特色垃圾桶外壳不仅为城市风光增光添彩，也帮助人们垃圾分类，推进绿色环保建设。

b. 价格：价格优势领先，大大超越市场平均水平，使智能垃圾桶不再被束之高阁而真正走入人们的生活，改变城市环境。

c. 绿色环保：优化城市环境，节约电能，车辆运输费，人工成本等等资源，做到环保清洁，绿色生活。且垃圾桶制造材料，过程全程绿色环保，致力于为地球母亲分担负担。

d. 功能：

太阳能供电

环保箱内置有太阳能电池板，蓄电池，阴天晴天均可保证设备电力充足。

垃圾压缩

可将垃圾压缩至 1/4 体积，其容量可达普通环保箱的 3 倍。原来清洁人员每天收集一次垃圾，如今只要每周收集 1～2 次。有效提高垃圾运载率、降低垃圾转运频率、节省垃圾运输费用、改善交通拥挤状况和消除清运中的二次污染等。

垃圾分类

设有可回收，不可回收两个类别，外形设计帮助人们分类投放。提高可回

收物的利用，实现源头减量。

垃圾满溢物联网通知

产品内置传感器和物联网模块，当环保箱投满之后会自动连接物联网，通过网站可以实时反映出环保箱的状态，并推送信息至相关工作人员客户端，提醒及时回收垃圾。

客户端浏览

环保箱配有专属的IOS、Android客户端，可以随时随地了解区域内环保箱的工作情况，直观明了。

线路规划

需回收垃圾时，在Android、IOS客户端中，系统会通过云计算，显示出最优的环保箱清理回收路径，使垃圾回收更高效。

产品属性	价格	功能	包装	绿色环保
权重	0.4	0.35	0.15	0.1

（打分从：1-3 分，3 分表示对此属性的要求最高；价格项得越高代表对价格越敏感）

产品属性	花园街道	社区小区	飞机火车站	宾馆	家庭
价格	2	2	3	2	3
功能	3	2	3	3	2
包装	2	2	1	3	3
绿色环保	3	2	2	1	1

b）竞争强势分析

a. 普通垃圾桶

b. 市面现有功能不同垃圾桶（自动开关装置，杀毒杀菌等）

c. 市面现有功能相似垃圾桶

	普通垃圾桶	差异垃圾桶	相似垃圾桶	CV 垃圾桶
价格	5	3	1	3
功能	1	2 或 3	5	5
包装	1	2	3	5
环保	1	2	5	5

（打分从 1 到 5，表示优势程度，5 表示最具优势以及市场竞争力）

Touch the sky 始终全面贯彻创新、协调、绿色、开放、共享五大发展理念，着力于提供和实施智能环保解决方案，针对国内城市普遍存在的垃圾分类难、垃圾远途运输、垃圾堆放污染和焚烧二次污染等问题，从“绿色环保，装点城市”出发，设计形成解决方案，提供云平台管理服务和与之配套的太阳能环保箱。以低价高质垃圾桶形成了特有的无可替代的市场竞争力，在种类繁多，竞争激烈的垃圾桶市场也必将取得一席之地。

c）细分市场吸引力分析

	普通垃圾桶	差异垃圾桶	相似垃圾桶	CV 垃圾桶
公园街道	5	2	3	4
社区小区	3	3	2	3
飞机火车站	4	2	2	2
宾馆	4	4	3	4
家庭	4	4	2	3

（打分从 1 到 5，表示优势程度，5 表示最具优势以及市场竞争力）

（3）竞争分析（波特五力模型）

① 供应商的讨价还价的能力

一般来说，满足如下条件的供方集团会具有比较强大的讨价还价能力：供方行业为一些具有比较稳固市场地位而不受市场剧烈竞争困扰的企业所控制，考虑到公司成立不久，并且由于产品功能上与传统打印机功能有所重叠，可能会被供应商强势讨价还价，即原料的购置成本可能会偏高。

② 购买者的讨价还价能力

购买者主要通过其压价与要求提供较高的产品或服务质量的能力，来影响行业中现有企业的盈利能力。一般来说，满足如下条件的购买者可能具有较强的讨价还价力量：购买者的总数较少，而每个购买者的购买量较大，占了卖方销售量的很大比例；卖方行业由大量相对来说规模较小的企业所组成；购买者所购买的基本上是一种标准化产品，同时向多个卖主购买产品在经济上也完全可行；购买者有能力实现后向一体化，而卖主不可能前向一体化。

针对××公司的产品的性质，以及公司目前没有知名度，不被消费者熟知，这些都决定了被购买者讨价还价的力度会比较大，但是由于××公司产品的独特性，使得购买者无法向其他公司购买相同的产品，因此，会有一个幅度不太大的讨价还价。

③ 新进入者的威胁

新进入者在给行业带来新生产能力、新资源的同时，将希望在已被现有企业瓜分完毕的市场中赢得一席之地，本公司作为行业的新进入者，不会是进入打印机行业的最后一个公司，如何在打印机行业还没站稳脚步的同时，面对后面的可能加入打印机行业的其他公司可能会对公司造成威胁的状况，确实是本公司应该考虑的。

④ 替代品的威胁

从目前我公司及其他打印机厂商所面对的情况来看，威胁主要来自电子产品的飞速发展。这也是最近几年打印机销量持续下降的原因之一，由于电脑、手机、iPad 等电子产品的普及，传统纸质资料受到冲击，人们更多地通过电子办公，阅读电子书籍，使得打印品的需求降低，这是无法逆转的趋势，但是传统纸质材料有它存在的必要性，这一必要性使得打印机的存在成为必须，××的产品适应时代的发展，在打印机的基础上增加了脱墨功能，同时与电脑、手机、iPad 等电子产品产生关联，利用这些产品上的 APP，可以在我公司的机器上实行云打印功能，使得打印变得有趣味性。

⑤ 行业内现有竞争者的竞争

现有企业之间的竞争常常表现在价格、广告、产品介绍、售后服务等方面，其竞争强度与许多因素有关，目前打印机的主要厂商有：

国际：惠普、爱普生、佳能、三星

国内：联想、方正、珠海赛纳

在整个激光打印机市场关注度中，惠普一家独大，暂时没有品牌能与之抗衡，消费者对惠普的品牌认可最高。第二梯队品牌是佳能和三星，也属于传统老牌厂商，在这个梯队中，重视市场的三星和重视技术的佳能竞争最激烈。联想在黑白激光打印机市场中表现不错，具有一定的竞争力，但是彩激市场关注中未进前五。而富士施乐市场关注度形势并不看好，与其重视技术研发的策略有较大关系。柯美在彩激市场中表现一般，不过在彩色数码复合机市场上具有绝对主力的实力

a）惠普

优势：作为打印机行业的龙头老大，惠普市场关注度高，具备最齐备的产品线，这同时也造就了惠普与其他打印机厂商最大的优势，高端整体解决方案的技术能力和交付上。

不足：作为市场关注度最高的打印机企业，在纸质打印受到电子产品的冲

击的情况下，惠普受到的影响会相对较大。

b）佳能

优势：佳能“按需定影”技术，经陶瓷加热器直接加热薄型定影胶片，热量会立刻传送到定影单元，无需预热，待机状态下“零”秒响应打印任务。同时，定影器仅在打印中消耗电能，节省能耗，并且有助于提升快速打印性能。佳能的照片的打印和处理技术更加成熟。

不足：在同款机器中价格偏高，功耗较大，后期成本较高

c）三星

优势：三星“一键省墨”技术通过电平降低硒鼓对墨粉的吸附力，使硒鼓所吸进的墨粉量变少，通过控制每个打印点的尺寸而达到节约墨粉的效果。尤其是三星利用其强大的ASIC半导体技术，因此能实现在省墨方式下达到同正常打印一样的打印效果。

不足：耗材较贵，预热时间较长

整体来看，在五力分析模型中，对于本公司而言，在打印机行业最主要的竞争来源于其他主要竞争对手的竞争态势，如何有针对地制定包括营销、产品、服务等各个环节的竞争战略，适应全球发展趋势，将是我们公司发展的关键。

（4）SWOT分析

内部能力 外部因素	Strength ✓ 成本低 ✓ 操作简易 ✓ 周期短 ✓ 再生速度快、 ✓ 体积小，便携，便安装 ✓ 项目的创新性	Weakness ✓ 初研阶段经验不足 ✓ 缺乏外部美工考虑 ✓ 部分技术攻克难度大 ✓ 并非全自动智能化 ✓ 适合的纸张有一定局限 ✓ 纸张再生次数有局限
Opportunities	SO	WO
✓ 节能减排的趋势 ✓ 与竞争对手目标市场不同 ✓ 目前此技术的空白 ✓ 产品替代品缺少 ✓ 办公成本降低的激励	抓住政策环境，利用社会对减能增效的需求；抓住客户需求，打造节能环保科技，同时充分利用成本优势。	逐步开始新技术的研发，探讨如何实现基本功能后实现全自动，电脑控制。加强产品节能、低成本、便捷等优势的宣传。

Threats	ST	WT
✓ 大厂回收利用有规模优势 ✓无纸化科技的发展 ✓人们接受新事物的难度	突出本科技产品的环保性、突出即时环保的理念；抓住细分市场，对准需求用户。	继续投入研究，实现更加便捷和自动化，降低成本；提高对不同纸张的适应度，逐步增加纸张的修复工艺。

内部能力 外部因素	Strength	Weakness
	✓ 成本低 ✓ 操作简易 ✓ 周期短 ✓ 再生速度快、 ✓ 体积小，便携，便安装 ✓ 项目的创新性	✓ 初研阶段经验不足 ✓ 缺乏外部美工考虑 ✓ 部分技术攻克难度大 ✓ 并非全自动智能化 ✓ 适合的纸张有一定局限 ✓ 纸张再生次数有局限
Opportunities	S	W
✓ 节能减排的趋势 ✓ 与竞争对手目标市场不同 ✓ 目前此技术的空白 ✓ 产品替代品缺少 ✓ 办公成本降低的激励	抓住政策环境，利用社会对减能增效的需求；抓住客户需求，打造节能环保科技，同时充分利用成本优势。	逐步开始新技术的研发，探讨如何实现基本功能后实现全自动，电脑控制。加强产品节能、低成本、便捷等优势的宣传。
Threats	ST	WT
✓ 大厂回收利用有规模优势 ✓ 无纸化科技的发展 ✓ 人们接受新事物的难度	突出本科技产品的环保性、突出即时环保的理念；抓住细分市场，对准需求用户。	继续投入研究，实现更加便捷和自动化，降低成本；提高对不同纸张的适应度，逐步增加纸张的修复工艺。

5.3.3 未来规划

1. 经营计划

定义：经营计划是指根据经营战略决策方案有关目标的要求，对方案实施所需的各种资源，从时间和空间上所作出的统筹安排。

2. 研究与开发计划

说明具体研究、开发内容和要重点解决的技术关键问题，要达到的主要技术、经济指标，提供成果的形式及社会、经济效益。

3. 财务分析与融资需求

财务分析：

财务分析是以会计核算和报表资料及其他相关资料为依据，采用一系列专门的分析技术和方法，对企业等经济组织过去和现在有关筹资活动、投资活动、经营活动、分配活动的盈利能力、营运能力、偿债能力和增长能力状况等进行分析与评价的经济管理活动。它是为企业的投资者、债权人、经营者及其他关心企业的组织或个人了解企业过去、评价企业现状、预测企业未来做出正确决策提供准确的信息或依据的经济应用学科。

（1）财务分析的方法：

① 比较分析法

比较分析法，是通过对比两期或连续数期财务报告中的相同指标，确定其增减变动的方向、数额和幅度，来说明企业财务状况或经营成果变动趋势的一种方法。

比较分析法的具体运用主要有重要财务指标的比较、会计报表的比较和会计报表项目构成的比较三种方式。

② 比率分析法

比率分析法是通过计算各种比率指标来确定财务活动变动程度的方法。比率指标的类型主要有构成比率、效率比率和相关比率三类。

③ 因素分析法

因素分析法是依据分析指标与其影响因素的关系，从数量上确定各因素对分析指标影响方向和影响程度的一种方法。

因素分析法具体有两种：连环替代法和差额分析法。

（2）财务分析的工作内容：

① 资金运作分析：根据公司业务战略与财务制度，预测并监督公司现金流和各项资金使用情况，为公司的资金运作、调度与统筹提供信息与决策支持；

② 财务政策分析：根据各种财务报表，分析并预测公司的财务收益和风险，为公司的业务发展、财务管理政策制度的建立及调整提供建议；

③ 经营管理分析：参与销售、生产的财务预测、预算执行分析、业绩分析，并提出专业的分析建议，为业务决策提供专业的财务支持；

④ 投融资管理分析：参与投资和融资项目的财务测算、成本分析、敏感性分析等活动，配合上级制定投资和融资方案，防范风险，并实现公司利益的最大化；

⑤ 财务分析报告：根据财务管理政策与业务发展需求，撰写财务分析报告、投资财务调研报告、可行性研究报告等，为公司财务决策提供分析支持。

融资需求：

资金需求计划：为实现公司发展计划所需要的资金额，资金需求的时间性，资金用途。

融资方案

公司所希望的投资人及所占股份的说明，资金其他来源，如银行贷款等。

4. 投资者的退出方式：

当投资者能够获得的利润无法达到其预期，资本的退出就是必须要考虑的问题。目前有两种常见的创业投资退出方式（仅做了解）

① 首次公开发行（IPO）。对于风险资本，IPO 通常是最佳的退出方式，通过公开发行股票，创业投资公司将持有的股票在公开市场上抛售，获取高额回报。但是，要做到这一点，所培育企业必须经营状况良好，财务结构健全，且具有持续成长的潜力，并符合政策、法律对企业上市的规定。实践证明，只有部分创业投资项目能以这种方式退出。

② 出售，包括股份转让和股票回购。股份转让又称企业并购。如果公司已具有相当规模，且所做的产品或服务对其他大公司有一定互补性，那么大公司就可能会来收购。如果该大公司是一家上市公司，那么风险企业被收购与公开上市的结果就非常接近。采用这种类似于公开上市的方法来进行被收购，对创业投资者来说也是很好的退出方式。特别是在我国证券市场处于发展初期，市场体系不完善，主板市场上市渠道不通畅等现实条件制约下，更要注重通过并购实现风险资本的退出。①

① 陈家洪. 创业投资退出方式和退出时机的决策分析[J].金融与经济，2006(11)：59-60.

【案例分享】

优秀商业计划书摘要阅读

1. 公司基本情况（公司名称、成立时间、注册地区、注册资本、主要股东、股份比例、主营业务、过去三年的销售收入、毛利润、纯利润、公司地点、电话、传真、联系人）。

2. 主要管理者情况（姓名、性别、年龄、籍贯、学历/学位、毕业院校、政治面目、行业从业年限、主要经历和经营业绩）。

3. 产品/服务描述（产品/服务介绍、产品技术水平、产品的新颖性、先进性和独特性、产品的竞争优势）。

4. 研究与开发（已有的技术成果及技术水平、研发队伍技术水平、竞争力及对外合作情况、已经投入的研发经费及今后投入计划、对研发人员的激励机制）。

5. 行业及市场（行业历史与前景、市场规模及增长趋势、行业竞争对手及本公司竞争优势、未来 3 年市场销售预测）。

6. 营销策略（在价格、促销、建立销售网络等各方面拟采取的策略及其可操作性和有效性、对销售人员的激励机制）。

7. 产品制造（生产方式、生产设备、质量保证、成本控制）。

8. 管理（机构设置、员工持股、劳动合同、知识产权管理、人事计划）。

9. 融资说明（资金需求量、用途、使用计划、拟出让股份、投资者权利、退出方式）。

10. 财务预测(前三年及未来 3 年或 5 年的销售收入、利润、资产回报率等)。

11. 风险控制（项目实施可能出现的风险及拟采取的控制措施）。

【思考题】

学完本章之后，自己尝试编制一份较全面的商业计划书，并思考你的商业计划书编制的意义。

6 创建新企业

本章重难点

【本章重点】

个人独资企业是按照《个人独资企业法》成立，由个人出资经营、财产归投资人个人所有和控制、由个人承担经营风险和享有全部经营收益的企业。

合伙企业是指由各合伙人订立合伙协议，共同出资，共同经营，共享有收益，共担风险，并对企业债务承担无限连带责任的营利性组织。

有限责任公司是指根据《中华人民共和国公司登记管理条例》规定登记注册，由五十个以下的股东出资设立，每个股东以其所认缴的出资额对公司承担有限责任，公司法人以其全部资产对公司债务承担全部责任的经济组织。

特许经营是指特许经营权拥有者以合同约定的形式，允许被特许经营者有偿使用其名称、商标、专有技术、产品及运作管理经验等从事经营活动的商业经营模式。

知识产权是个人或集体对其在科学、技术、文学艺术领域里创造的精神财富依法享有的专有权。知识产权是一种无形的财产权。

企业三证：工商营业执照、组织机构代码证和税务登记证。

经营场所的选址时应该注意的因素可划分为：市场因素、商圈因素、物业因素、个人因素、价格因素。

【本章难点】

有限责任与股份有限的区别：是人合还是资合、股份是否为等额、股东数额、募股集资是公开还是封闭、股份转让的自由度、设立的宽严不同。

依我国《民法通则》第五章第三节的规定，我国知识产权包括著作权、专利权、商标权、发明权、发现权以及其他科技成果权。事实上，根据我国现行国内立法和参加的国际公约，学者们认为我国法律所保障的知识产权范围包括：著作权及其相关权利、专利权、工业版权、商标权、商号权、产地标记权、商业秘密权以及各种反对和制止不正当竞争的权利。

明确公司转让的条件以及流程、公司注销条件以及流程。

6.1 新创企业法律组织形式的选择

6.1.1 个人独资企业

1. 定义

个人独资企业是按照《个人独资企业法》成立，由个人出资经营、财产归投资人个人所有和控制、由个人承担经营风险和享有全部经营收益的企业。以独资经营方式经营的独资企业有无限的经济责任，破产时借方可以扣留业主的个人财产。

2. 设立条件

（1）投资人为一个自然人；

（2）有合法的企业名称；

（3）有投资人申报的出资；

（4）有固定的生产经营场所和必要的生产经营条件；

（5）有必要的从业人员。

3. 法律地位

独资企业的法律地位集中表现是其不具有独立的法律人格，不具有法人地位，是典型的非法人企业。按法律人格理论，民事主体人格分为自然人人格和法人人格，独资企业本身不是独立的法律主体，不具有法人人格，其从事民事或商事活动是以独自企业主的个人人格或主体身份进行的，实质上是自然人从事商业经营的一种组织形式。在商事主体分类中，把上市主体分为商个人、商法人和商事合伙，独资企业属于其中的商个人。

4. 优缺点分析

独资企业的优点

独资企业是企业制度序列中最初始和最古典的形态，也是民营企业主要的企业组织形式。其主要优点为：

（1）企业资产所有权、控制权、经营权、收益权高度统一。这有利于保守与企业经营和发展有关的秘密，有利于业主个人创业精神的发扬。

（2）企业业主自负盈亏和对企业的债务负无限责任成为了强硬的预算约束。企业经营好坏同业主个人的经济利益紧密相连，因而，业主会尽心竭力地把企业经营好。

（3）企业的外部法律法规等对企业的经营管理、决策、进入与退出、设立与破产的制约较小。

独资企业的缺点

虽然独资企业有如上的优点，但它也有比较明显的缺点：

（1）难以筹集大量资金。因为一个人的资金终归有限，以个人名义借贷款难度也较大。因此，独资企业限制了企业的扩展和大规模经营。

（2）投资者风险巨大。企业业主对企业负无限责任，在硬化了企业预算约束的同时，也带来了业主承担风险过大的问题，从而限制了业主向风险较大的部门或领域进行投资的活动。这对新兴产业的形成和发展极为不利。

（3）企业连续性差。企业所有权和经营权高度统一的产权结构，虽然使企业拥有充分的自主权，但这也意味着企业是自然人的企业，业主的身体条件，他个人及家属知识和能力的缺乏，都可能导致企业破产。

（4）企业内部的基本关系是雇佣劳动关系，劳资双方利益目标的差异，构成企业内部组织效率的潜在危险。

5. 企业税务

个人独资企业按照现行税法规定不交企业所得税，而交个人所得税，适用百分之五至百分之三十五的超额累进税率。

应纳税所得额=当月（期）销售收入×所得税率

应纳税额=应纳税所得额×适用税率-速算扣除数

6.1.2 合伙人企业

1. 定义

合伙企业是指由各合伙人订立合伙协议，共同出资，共同经营，共享有收益，共担风险，并对企业债务承担无限连带责任的营利性组织。合伙企业分为普通合伙企业和有限合伙企业。

2. 合伙人企业的类型

合伙企业分为：普通合伙企业和有限合伙企业。其中，普通合伙企业又包含特殊的普通合伙企业。

（1）普通合伙企业由 2 人以上普通合伙人（没有上限规定）组成。

普通合伙企业中，合伙人对合伙企业债务承担无限连带责任。

特殊的普通合伙企业中，一个或数个合伙人在执业活动中因故意或者重大过失造成合伙企业债务的，应当承担无限责任或者无限连带责任，其他合伙人则仅以其在合伙企业中的财产份额为限承担责任。

（2）有限合伙企业由 2 人以上 50 人以下的普通合伙人和有限合伙人组成，其中普通合伙人和有限合伙人都至少有 1 人。当有限合伙企业只剩下普通合伙人时，应当转为普通合伙企业，如果只剩下有限合伙人时，应当解散。普通合伙人对合伙企业债务承担无限连带责任，有限合伙人以其认缴的出资额为限对合伙企业债务承担责任。

3. 合伙人企业的设立条件

（1）有两个以上合伙人，并且都是依法承担无限责任者；

（2）有书面合伙协议；

（3）有各合伙人实际缴付的出资；

（4）有合伙企业的名称；

（5）有经营场所和从事合伙经营的必要条件。

4. 合伙人企业的优缺点分析

优势

（1）与个人独资企业相比较，合伙企业可以从众多的合伙人处筹集资本，合伙人共同偿还债务，减少了银行贷款的风险，使企业的筹资能力有所提高；

（2）与个人独资企业相比较，合伙企业能够让更多投资者发挥优势互补的作用，比如技术、知识产权、土地和资本的合作，并且投资者更多，事关自己切身利益，大家共同出力谋划，集思广益，提升企业综合竞争力；

（3）与一般公司相比较，由于合伙企业中至少有一个负无限责任，使债权人的利益受到更大保护，理论上来讲，在这种无限责任的压力下，更能提升企业信誉；

（4）与一般公司相比较，理论上来讲，合伙企业盈利更多，因为合伙企业交的是个税而不是企业所得税，这也是其高风险成本的收益；

劣势

（1）由于合伙企业的无限连带责任，对合伙人不是十分了解的人一般不敢入伙；就算以有限责任人的身份入伙，由于有限责任人不能参与事务管理，这就产生有限责任人对无限责任人的担心，怕他不全心全意的干，而无限责任人在分红时，觉得所有经营都是自己在做，有限责任人就凭一点资本投入就坐收盈利，又会感到委屈。因此，合伙企业是很难做大做强的；

（2）虽说连带责任在理论上来讲有利于保护债权人，但在现实生活中操作起来往往不然。如果一个合伙人有能力还清整个企业的债务，而其他合伙人连还清自己那份的能力都没有时，按连带责任来讲，这个有能力的合伙人应该还清企业所欠所有债务。但是，他如果这样做了，再去找其他合伙人要回自己垫付的债款就麻烦了，因此，他不会这样独立承当所有债款的，还有可能连自己的那一份都等大家一起还。

6.1.3 有限责任公司

1. 定义

是指根据《中华人民共和国公司登记管理条例》规定登记注册，由五十个以下的股东出资设立，每个股东以其所认缴的出资额对公司承担有限责任，公司法人以其全部资产对公司债务承担全部责任的经济组织。有限责任公司包括国有独资公司以及其他有限责任公司。

2. 设立条件

（1）到工商局做名称预先核准，如果核准后名字有效期为 6 个月；

（2）租赁办公地址，提供房产证复印件和租赁协议原件；

（3）到工商局的指定银行办理入资手续，打入注册资金，一般设计公司 10 万~50 万元的注册资金即可，一人有限责任公司最低注册资金为 10 万元，两人股东以上的话最低注册资金为人民币 30 万元（原法）；新法取消了按照公司经营内容区分最低注册资本额的规定；允许公司按照规定的比例在 2 年内分期缴清出资，投资公司从宽规定可以在 5 年内缴足；将最低注册资本额降至人民币 3 万元；

2013 年 10 月 25 日国务院总理李克强主持召开国务院常务会议，部署推进公司注册资本登记制度改革，降低创业成本，激发社会投资活力。会议明确放宽注册资本登记条件；

取消有限责任公司最低注册资本 3 万元、一人有限责任公司最低注册资本 10 万元、股份有限公司最低注册资本 500 万元的限制；不再限制公司设立时股东（发起人）的首次出资比例和缴足出资的期限。公司实收资本不再作为工商登记事项；

（4）入资后到会计师事务所出具验资报告；

（5）向工商局提供企业设立申请表，包含法人代表身份证复印件、照片、简历、股东身份证复印件，及全体投资人的亲笔签字、公司章程、股东会决议；

（6）工商局受理后1周内领取营业执照；

（7）拿到营业执照后到技术监督局办理组织机构代码证书；

（8）办齐上述手续后到辖区税务局办理税务登记；

（9）银行开设企业的基本账户；

（10）拿到开户许可证后到工商局办理注册资金的划转，开始正式经营。

3. 有限责任与股份有限的区别

（1）是“人合”还是“资合”。有限责任公司是在对无限公司和股份有限公司两者的优点兼收并蓄的基础上产生的。它将“人合性”和“资合性”统一起来：一方面，它的股东以出资为限，享受权利，承担责任，具有资合的性质，与无限公司不同；另一方面，因其不公开招股，股东之间关系较密切，具有一定的人合性质，因而与股份有限公司又有区别。股份有限公司是彻底的资合公司。其本身的组成和信用基础是公司的资本，与股东的个人人身性（信誉、地位、声望）没有联系，股东个人也不得以个人信用和劳务参与投资，这种完全的资合性与无限公司和有限责任公司均不同。

（2）股份是否为等额。有限责任公司的全部资产不必分为等额股份，股东只需按协议确定的出资比例出资，并以此比例享受权利，承担义务。一般说，股份有限公司必须将股份化作等额股份，这不同于有限责任公司。这一特性也保证了股份有限公司的广泛性、公开性和平等性。

（3）股东数额。有限责任公司因其具有一定的人合性，以股东之间一定的信任为基础，所以其股东数额不宜过多。我国的《公司法》规定为2—50人。有限责任公司股东数额上下限均有规定，股份有限公司则只有下限规定，即只规定最低限额发起人，实际只规定股东最低法定人数，而对股东的上限则不作规定。这就使得股份有限公司的股东具有最大的广泛性和相当的不确定性。

（4）募股集资是公开还是封闭。有限责任公司只能在出资者范围内募股集资，公司不得向社会公开招股集资，公司为出资人所发的出资证明亦不同于股票，不得在市场上流通转让。募股集资的封闭性决定了有限责任公司的财务会计无须向社会公开。与有限责任公司的封闭性不同，股份有限公司募股集资的方式是开放的，无论是发起设立或是募集设立，都须向社会公开或在一定范围内公开募集资本，招股公开，财务经营状况亦公开。

（5）股份转让的自由度。有限责任公司的出资证明不能转让流通。股东的出资可以在股东之间相互转让，也可向股东以外的人转让；但由于人合性质，决定了其转让要受到严格限制。按照《公司法》的规定，转让必须经全体股东过半数同意；在同等条件下，其他股东有优先购买权。股份有限公司的股份的表现形式为股票。这种在经济上代表一定价值，在法律上体现一定资格和权利义务的有价证券，一般地说，与持有者人身并无特定联系，法律允许其自由转让，这就必然加强股份有限公司的活跃性和竞争性，同时也必然招致其盲目性和投机性。

（6）设立的宽严不同。股份有限公司因其经济地位和组织、活动的特性，使得国家必须以法律手段对之进行管理和监督，对其设立规定了一系列必须具备的法定条件，履行严格的法定程序。在我国，股份有限公司的设立必须经有关部门批准。有限责任公司多为中小型企业，还因其封闭性、人合性，所以法律要求不如股份有限公司严格，有的可以简化，并有一定的任意性选择。（更多详见参考资料《有限责任公司和股份有限公司的区别》）

4. 优缺点分析

优点：

（1）设立条件低，设立简便；

（2）股东变动小，内部凝聚力强；

（3）公司营业及财务状况无需公开，机构精干，经营效率高；

（4）股东风险小，仅负有限责任。

缺点：

（1）发展规模受限制；

（2）股权转让不易；

（3）对债权人利益保护较差，因为公司一般自有资本较少，抗风险能力较差，且全体股东均负有限责任，当严重亏损，不能坏债时破产的可能性较大。

6.1.4 特许经营

1. 定义

是指特许经营权拥有者以合同约定的形式，允许被特许经营者有偿使用其名称、商标、专有技术、产品及运作管理经验等从事经营活动的商业经营模式。而被特许人获准使用由特许权人所有的或者控制的共同的商标、商号、企业形象、工作程序等。

2. 特征

特许经营一词译自英文 franchising，是指特许权转让方将整个经营系统或服务系统转让给各独立的经营者，后者在前者的体系下从事经营活动，并向特许人支付经营费。虽然不同国家、不同组织对特许经营有不同的定义，但一般而言，特许经营有如下特征：

（1）特许经营是特许人和受许人之间的契约关系；

（2）特许人将允许受许人使用自己的商号和（或）商标和（或）服务标记、经营诀窍、商业和技术方法、持续体系及其他工业和（或）知识产权；

（3）受许人自己对其业务进行投资，并拥有其业务；

（4）受许人需向特许人支付费用；

（5）特许经营是一种持续性关系。

特许经营是指特许权人与被特许人之间达成的一种合同关系。在这个关系中，特许权人提供或有义务在诸如技术秘密和训练雇员方面维持其对专营权业务活动的利益；而被特许人获准使用由特许权人所有的或者控制的共同的商标、商号、企业形象、工作程序等。

3. 种类划分

特许经营的种类按不同的划分方法，可以归纳为以下几点：

（1）按资金投入

按所需资金投入可分为工作型特许经营、业务型特许经营和投资型特许经营。工作型特许经营只要加盟者投入很少资金，有时甚至不需要营业场所。业务型特许经营一般需要购置商品、设备和营业场所，如冲印照片、洗衣、快餐外卖等，所以需要较大的投资。投资型特许经营需要更多的资金投资，如饭店等。

（2）按交易形式

按交易形式划分，可分为四种：制造商对批发商的特许经营；制造商对零售商的特许，如石油公司对加油站之间的特许；批发商对零售商的特许，零售商之间的特许，如连锁集团利用这一形式招募特许店，扩大经营规模。

（3）按加盟者性质

按加盟者性质划分，可分为区域特许经营、单一特许经营和复合特许经营。

区域特许经营是指加盟者获得一定区域的独占特许权，在该区域内可以独自经营，也可以再授权次加盟商。单一特许经营是指加盟商全身心地投入特许业务，不再从事其他业务。复合特许经营是指特许经营权被拥有多家加盟店的公司所购买，但该公司本身并不卷入加盟店的日常经营。

（4）按加盟业务

按加盟业务划分，可分为转换型特许经营和分支型特许经营。前者是加盟者将现有的业务转换成特许经营业务，特许商往往利用这种方式进入黄金地带。后者则是加盟商通过传统形式来增加分支店，当然需要花费更多的资金。

4. 优劣分析

优势分析

特许经营已有一百多年的发展历史，它所取得的成功已为世人瞩目。近几年，特许经营在我国也有巨大发展。这一分销方式之所以长盛不衰，有其经营优势。

（1）特许商利用特许经营实行大规模的低成本扩张

对于特许商来说，借助特许经营的形式，可以获得如下优势：

① 特许商能够在实行集中控制的同时保持较小的规模，既可赚取合理利润，又不涉及高资本风险，更不必兼顾加盟商的日常琐事。

② 由于加盟店对所属地区有较深入的了解，往往更容易发掘出企业尚没有涉及的业务范围。

③ 由于特许商不需要参与加盟者的员工管理工作，因而本身所必需处理的员工问题相对较少。

④ 从事制造业或批发业的特许商可以借助特许经营建立分销网络，确保产品的市场开拓。有人讲，有人的地方就有可口可乐，有色彩的地方就有柯达。为什么这些品牌能够无处不在？原因就在于它们利用了特许经营方式进行了大规模的低成本扩张。

（2）加盟商借助特许经营“扩印底版”

有人形象地把加盟特许经营比喻成“扩印底版”，即借助特许商的商标、特殊技能、经营模式来反复利用，并借此扩大规模。

① 可以享受现成的商誉和品牌。加盟商由于承袭了特许商的商誉，在开业、创业阶段就拥有了良好的形象，使许多工作得以顺利开展。否则，借助于强大广告攻势来树立形象是一大笔开支。

② 避免市场风险。对于缺乏市场经营的投资者来说，面对激烈的市场竞争环境，往往处于劣势。投资一家业绩良好且有实力的特许商，借助其品牌形象、管理模式以及其他支持系统，其风险大大降低。

③ 分享规模效益。这些规模效益包括：采购规模效益、广告规模效益、经营规模效益、技术开发规模效益等。

④ 获取多方面支持。加盟商可从特许商处获得多方面的支持，如培训、选择地址、资金融通、市场分析、统一广告、技术转让等。

（3）特许经营因其管理优势而受到消费者欢迎

特许经营成功发展的另一个原因就是准确定位。由于能准确定位，使企业目标市场选择准确，能围绕目标市场进行营销策略组合，并能及时了解目标市场的变化，使企业的产品和服务走在时代前列。

劣势分析

（1）正是由于特许本身，使得加盟商得到了一套完善的、严谨的经营体系。可是，正因如此，加盟商很难改变这种经营模式来适应市场的、政策的各种变化。另外，由于各个地区消费者的需求不同，特许经营也很难在任何地方都能保持持续的优势。

（2）对消费者来说，加盟商的频繁变更给他们带来的是疑惑，造成了特许人、现任加盟商和以往加盟商之间的责任不清，相互推脱责任。

（3）特许经营只能专注于某一个领域，而不可能在各个市场都取得战略性的胜利。

6.2 企业知识产权保护的法律事务

6.2.1 保护知识产权的重要性

知识产权是个人或集体对其在科学、技术、文学艺术领域里创造的精神财富依法享有的专有权。知识产权是一种无形的财产权。随着全球科技、经济的飞速发展及知识产权保护客体范围和内容的不断扩大和深化，不断给知识产权法律制度和理论研究提出崭新的课题。知识产权的概念是有关知识产权立法活动、司法实践和理论研究的基础，是一个必须明确的问题。知识产权是一个动态发展的概念和迫切需要深化研究的领域。我们对知识产权概念的研究十分必要，随着相关问题的研究不断深入，知识产权领域的一系列理论问题也会得到逐渐澄清，再通过知识产权立法、司法和行政执法实践，使我国知识产权法律制度和理论逐步建立和不断完善起来。

国际经济、文化交往的发展，知识产权的地域性受到了空前的冲击，知识产权法律关系也日益国际化。其主要表现在主体、客体和内容方面都含有大量的涉外因素。知识产权法律关系的主体，是依知识产权法确认享有权利和承担义务的人，包括个人、集体、法人、合伙等，从国际交往来看既有内国人又有外国人。外国人在内国以及内国人在外国享有知识产权的现象已十分普遍。知识产权法律关系的客体是知识产权关系主体间权利和义务指向的对象。知识产权可分为两大类：一类是工业产权，包括专利权（发明专利、实用新型专利和工业品外观设计）、商标权（商业商标、服务商标和制造商标）。工业产权是个广义的概念，它不仅包括工商业本身而且还包括农业、采掘业以及交通运输业等；另一类是著作权，亦称版权，主要包括作者对文学、艺术、音乐、摄影、电影、电视、计算机软件等方面的专有权，以及由此派生出来的邻接权。保护知识产权的法律主要是国内立法（专利法、商标法和著作权法），也有国际条约。从法律的角度看，知识产权具有以三个特点：专有性，专有性亦称独占性或垄断性；时间性，它是指法律对知识产权的保护有一定的保护期，过了有效保护期，这种专有权就终止了，这种智力成果就变成了人类社会的共同财富；地域性，它是指依某一国法律而取得的某一专有权，只在该国境内有效，受该国法律保护，在其他国家无效，其他国家没有保护的义务，除非有条约规定。

知识产权作为一种精神财富和智力成果具有流动性。它可以通过多种途径、多种方式在国内外流动。科学、技术、文化、艺术是没有国界的。特别是 19 世纪以来，由于资本主义商品经济及通讯事业的发展，促进了科学技术、文化、艺术在全球范围内的交流，各种报纸、杂志、国际学术会议、学者访问、国际博览会、电视、广播、图书资料、卫星技术、计算机的国际互联网等的出现，使得在一个国家取得的某一知识产权很容易就会传播到外国。这种知识产权的流动性与地域性是矛盾的，特别是对西方工业发达国家来说，严格地域性对其很不利。因为，一方面他们想把自己拥有的先进的科学、技术以及专利产品、商标商品、文艺作品输送到国外，占领国际市场。另一方面又唯恐这些智力成果到所在地国家无法受到法律保护，以至被无偿使用，从而在国际市场上增加了自己的竞争对手。所以，他们希望在本国取得的这些权利，同样也能够得到有关外国的法律保护。这样，就出现了知识产权的国际保护问题。当今世界是知识经济时代，对知识产权的国际保护是十分重要的。除了各国通过国内法对涉外知识产权给予保护外，一些国家和国际组织还签订和制定了许多有关保护知识产权的国际公约。

目前，保护知识产权的国际公约主要有：

1.《保护工业产权巴黎公约》(简称《巴黎公约》),《巴黎公约》并没有给缔约国提供一套统一适用的专利法和商标法，它仅仅为缔约国规定了相互保护工业产权的几项基本原则。

这些基本原则是：

（1）国民待遇原则。缔约国必须把它依法给予本国国民在工业产权方面的保护，也同样给予其他缔约国国民。

（2）优先权原则。成员国的国民就一项发明、实用新型、外观设计和商标首先在某个成员国提出申请，自该项申请提出之日起在一定期限内（发明、实用新型为 12 个月，外观设计和商标为 6 个月），以同一内容向其他成员国提出申请，应以第一次申请的日期为以后提出申请的日期，在优先权限内，即使有任何第三者就相同的内容提出申请，专有权仍授予缔约国的申请人。

（3）强制许可原则。每一个成员国有权采取立法措施，规定在一定条件下可以核准强制许可证，以防止专利权人可能对专利权的滥用，例如，专利权不实施或不充分实施专利。但强制许可只能在专利权人自提出专利申请之日起满 4 年，或者自批准专利权之日满 3 年（取其中较长者）未实施专利时才能采取此措施。

（4）独立性原则。同一发明在不同国家所获得的专利权彼此无关。

2.《专利合作条约》。《专利合作条约》解决了专利权国际保护的基本原则。

3.《商标国际注册马德里协定》(简称《马德里协定》) 它是对《巴黎公约》中关于商标国际保护的补充。

4.《保护文学艺术作品伯尔尼条约》简称《伯尔尼条约》基本原则：① 双国籍的国民待遇原则；② 自动保护原则；③ 最低限度保护原则；④ 独立保护原则。

5.《世界版权公约》，主要原则有：① 双国籍国民待遇原则；② 有条件的自动保护原则；③ 独立保护原则；④ 最低限度保护原则.

6.《与贸易有关的知识产权协议》，基本原则：① 国民待遇原则；② 最惠国待遇原则；③ 权利用尽原则。

知识产权的国际保护，是指在一国所取得的某项知识产权如何才能得到有关外国的法律保护。具体地说包括：① 外国人如何在内国取得知识产权以及对外国人的知识产权的保护应依据什么法律，是内国法、外国法、还是国际条约；② 内国人的知识产权如何在外国得到法律保护，如已经在外国取得的某一项专有权如何在内国也同样得到法律保护。

关于知识产权法律保护的含义，基本偏重于执法方面，一般概括为“中国知识产权司法保护的双轨制”。但是随着时间的推移，人们越来越认识到将知识产权法律保护或称知识产权保护仅仅诠释为执法、查处或审判等是不全面的，甚至此种概念上的定位会给实践带来很大的盲目性。在国际、国内知识产权保护环境特别是某些发达国家经济制裁的压力下，我国在知识产权保护上投入了大量人力、物力和财力，动用多种机关进行打假冒、盗版的行动，我们取得了不可否认的成绩，但在相当多的地区和领域侵权活动有增无减，甚至越演越烈。其中重要原因之一就是在观念上不能对知识产权保护有一个立体、全面、宏观、深入的理解，对全社会特别是对产业界以至对知识产权执法机关，在全面、立体的知识产权保护意识教育、培养、引导上十分薄弱，公众意识不强，视侵权为合法；某些企业不重视自己的知识产权，还受利益驱动乐于侵害他人权利；在执法机构上出现部门分立、各成体系、地方保护、存有摩擦的严重现象。在此种环境下，知识产权焉能获得全面、完满的保护？因而，从知识产权的特点出发，建立正确、全面的知识产权保护概念，是十分必要的。

6.2.2 知识产权保护的法律事务

1. 知识产权保护的内容

（1）立法保护，即指国家通过立法赋予民事主体对其知识财产和相关的精神利益享有知识产权，并予以法律拘束力的一种保护；

（2）行政保护，即指国家行政机关对当事人某些比较严重违反知识产权法律的行为予以行政处罚，以及对某些知识产权向权利人予以授权等的行政行为；

（3）司法保护，指对知识产权通过司法途径进行保护；

（4）知识产权集体管理组织保护，即较弱小的知识产权人为维护自身利益与势力通过形成某种组织，由该组织代为处理知识产权保护相关事宜；

（5）知识产权人或其他利害关系人的自我救济。知识产权人或其他利害关系人通过。

设立专门从事知识产权法律或管理事务的部门，制定知识产权战略，确定如何保护知识产权和避免对他人侵权的一系列具体措施与手段。

（6）舆论导向保护，通过正确合理的知识产权保护舆论引导，营造良好的知识产权保护氛围。

2. 知识产权保护的范围

根据《建立世界知识产权组织公约》的规定，知识产权包括下列客体的权利：

（1）文艺、艺术的科学作品；

（2）表演艺术家的表演、录音和广播；

（3）人类一切领域的发明；

（4）科学发现；

（5）工业品外观设计；

（6）商标、服务商标、厂商名称和标记；

（7）制止不当竞争；

（8）在工业、科学、文学和艺术领域内由于智力活动而产生成果的一切其他权利。

根据作为《世界贸易组织》WTO一揽子协议的重要组成部分的《与贸易有关的知识产权协议》的有关规定，知识产权包含下列权利；

（1）版权与邻接权；

（2）商标权；

（3）地理标志权；

（4）工业品外观设计权；

（5）专利权；

（6）集成电路布图设计权；

（7）未披露过的信息专有权。

由于trips协议与国际贸易制裁挂钩，具有相当的强制力，其对知识产权客体权利的规定，已经成为世界各国知识产权理发所认同和遵守的保护范围。

3. 我国民法通则规定的知识产权范围

依我国《民法通则》第五章第三节的规定，我国知识产权包括著作权、专利权、商标权、发明权、发现权以及其他科技成果权。事实上，根据我国现行国内立法和参加的国际公约，学者们认为我国法律所保障的知识产权范围包括：著作权及其相关权利、专利权、工业版权、商标权、商号权、产地标记权、商业秘密权以及各种反对和制止不正当竞争的权利。trips 是世界贸易组织的重要法律文件，对各国的知识产权制度和国际间的知识产权相互保护产生了重大的影响，该协议对知识产权的保护范围广泛，强化了对知识产权的保护效力，明确了法律救济的措施和具体手段。我国作为世贸组织成员国，该协议也成为我国知识产权法律体系的一部分。

6.3 创建新企业的主要流程及实务

6.3.1 企业名称预先核准

企业名称预先核准是企业名称登记的特殊程序，指的是设立公司应当申请名称预先核准，这样可以使企业避免在筹组过程中因名称的不确定性而带来的登记申请文件、材料使用名称杂乱，并减少因此引起的重复劳动、重复报批现象。

1. 办理条件

（1）企业名称一般应当由以下部分依次组成：深圳（市）+字号（商号）+行业（或者行业特点）+组织形式；

（2）所用商号不得与其他已核准或注册的相同行业或无标明行业的企业名称中的字号（商号）相同，但有投资关系的除外；

（3）不得与其他企业变更名称未满 1 年的原名称相同；

（4）不得与已注销登记或被吊销营业执照未满 3 年的企业名称相同；

（5）名称冠“广东”的公司，须符合《广东省企业冠省名登记管理办法》的规定；

（6）企业名称冠“中国”“中华”“全国”“国家”“国际”等字样的、在名称中间使用“中国”“中华”“全国”“国家”等字样的、名称不含行政区划的，需符合《企业名称登记管理实施办法》第五条、第十条的规定，如“深圳多有米网络技术有限公司”；

（7）企业名称中不得含有另一个企业名称，企业分支机构名称应当冠以其所从属企业的名称；

（8）企业名称应当使用符合国家规范的汉字，不得使用汉语拼音字母、阿拉伯数字等；

（9）企业名称中的字号应当由两个以上的字组成。行政区划不得用作字号，但县级以上行政区划的地名具有其他含义的除外；

（10）企业名称不应当明示或暗示有超越其经营范围的业务。

2. 法律效应

（1）法律、行政法规规定设立企业必须报经审批或者企业经营范围中有法律、行政法规规定必须报经审批项目的，应当在报送审批前办理企业名称预先核准，并以登记机关核准的企业名称报送审批；

（2）申请人可持《名称预先核准通知书》到银行办理开户；

（3）预先核准的公司名称在保留期内，不得用于从事经营活动，不得转让；

（4）申请人可持《名称预先核准注销通知书》到银行办理有关手续。

6.3.2 三证办理材料及流程

企业三证：工商营业执照、组织机构代码证和税务登记证。

从 2015 年 10 月 1 日开始全国实施营业执照、组织机构代码证、税务登记证三证合一的政策，已经正在使用中的证照于 2016 年 12 月 31 日前可以正常使用，过了时间就将无法使用了，所以，企业必须在此时间之前进行三证合一申请。

“三证合一”登记制度是指将企业登记时依次申请的，分别由工商部门核发的营业执照、质监部门核发的组织机构代码证、税务部门核发的税务登记证，改为一次申请，由工商部门核发一个加载统一社会信用代码的营业执照，即“一照一码”营业执照。“一照一码”营业执照就好比企业的“身份证”，企业凭执照可以在政府机关、金融、保险机构等部门证明其主体身份，办理刻章、纳税、开户、社保等事务，相关部门都予以认可，且全国通用。

1. 核名

准备材料：

（1）企业名称预先核准申请书；

（2）租赁合同复印件；

（3）指定代表或者共同委托代理人授权委托书；

（4）法人身份证复印件；

（5）代理人身份证复印件。

核名之后等待两三个工作日后拿核名函。

2. 网上预审

拿到核名函之后登陆工商局网站进行网上预约登记，注册之后填相关资料等待三至四个工作日预审通过。

3. 打印预审材料

预审通过后在网站上下载自动生成的文件：

（1）公司登记（备案）申请书；

（2）公司章程；

（3）股东决定；

（4）指定代表或者共同委托代理人的证明。

4. 向工商提交预审后的资料

（1）公司登记（备案）申请书；

（2）公司章程；

（3）股东决定；

（4）指定代表或者共同委托代理人的证明。

将这些文件连同法人身份证、代理人身份证寄租赁协议复印件交至工商局打印营业执照。

等工商局通知去工商局拿营业执照。

5. 刻章备案

拿到营业执照和刻章证之后到公安指定的刻章机构刻章并备案。

6. 银行开立基本帐号

可以选择公司注册所在地的各个商业银行开立银行基本帐号，费用是 500—3000 不等，各银行扣费标准不一样，扣费时间也不一样，有的是在帐号中扣，有的银行是开户的时候就预交。（费用有：小额存款费、回单箱费、网银使用费、年费等）

7. 流程图

6.3.3 企业印章刻制的有关规定

1. 印章种类

（1）公章：公司按法定程序经工商行政管理部门注册登记后，在所在地公安部门备案，对外具有法定效力的公司正式印章。

（2）公司业务专用章：代表和行使某项专业内容和权力的印章，包括合同专用章、财务专用章、发票专用章等。

（3）法人印：是指公司法定代表人印章。

（4）部门印章：刻有公司各事业部门名称，仅限公司内部使用的印章。

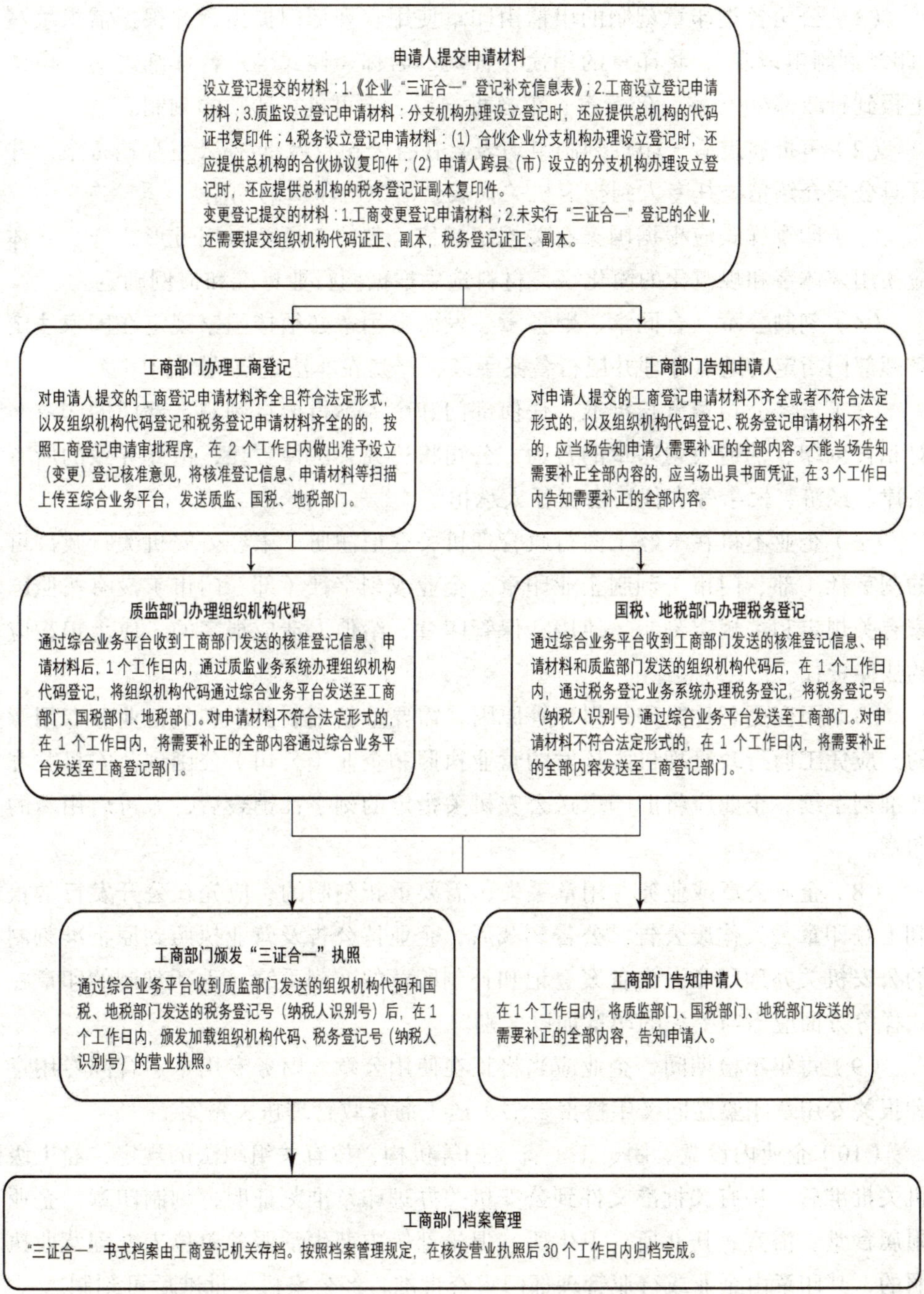

申请人提交申请材料

设立登记提交的材料：1.《企业“三证合一”登记补充信息表》；2.工商设立登记申请材料；3.质监设立登记申请材料：分支机构办理设立登记时，还应提供总机构的代码证书复印件；4.税务设立登记申请材料：（1）合伙企业分支机构办理设立登记时，还应提供总机构的合伙协议复印件；（2）申请人跨县（市）设立的分支机构办理设立登记时，还应提供总机构的税务登记证副本复印件。

变更登记提交的材料：1.工商变更登记申请材料；2.未实行“三证合一”登记的企业，还需要提交组织机构代码证正、副本，税务登记证正、副本。

↓

工商部门办理工商登记

对申请人提交的工商登记申请材料齐全且符合法定形式，以及组织机构代码登记和税务登记申请材料齐全的的，按照工商登记申请审批程序，在2个工作日内做出准予设立（变更）登记核准意见，将核准登记信息、申请材料等扫描上传至综合业务平台，发送质监、国税、地税部门。

工商部门告知申请人

对申请人提交的工商登记申请材料不齐全或者不符合法定形式的，以及组织机构代码登记、税务登记申请材料不齐全的，应当场告知申请人需要补正的全部内容。不能当场告知需要补正全部内容的，应当场出具书面凭证，在3个工作日内告知需要补正的全部内容。

↓

质监部门办理组织机构代码

通过综合业务平台收到工商部门发送的核准登记信息、申请材料后，1个工作日内，通过质监业务系统办理组织机构代码登记，将组织机构代码通过综合业务平台发送至工商部门、国税部门、地税部门。对申请材料不符合法定形式的，在1个工作日内，将需要补正的全部内容通过综合业务平台发送至工商登记部门。

国税、地税部门办理税务登记

通过综合业务平台收到工商部门发送的核准登记信息、申请材料和质监部门发送的组织机构代码后，在1个工作日内，通过税务登记业务系统办理税务登记，将税务登记号（纳税人识别号）通过综合业务平台发送至工商部门。对申请材料不符合法定形式的，在1个工作日内，将需要补正的全部内容发送至工商登记部门。

↓

工商部门颁发“三证合一”执照

通过综合业务平台收到质监部门发送的组织机构代码和国税、地税部门发送的税务登记号（纳税人识别号）后，在1个工作日内，颁发加载组织机构代码、税务登记号（纳税人识别号）的营业执照。

工商部门告知申请人

在1个工作日内，将质监部门、国税部门、地税部门发送的需要补正的全部内容，告知申请人。

↓

工商部门档案管理

“三证合一”书式档案由工商登记机关存档。按照档案管理规定，在核发营业执照后30个工作日内归档完成。

2. 印章刻制的有关规定

（1）公司各类印章刻制的申请由印章使用管理部门提出，并根据需求填写《印章刻制申请表》，将印章的用途、种类、名称、样式等进行详细说明。申请上报到行政部/办公室，经董事长审核批准后，方可进行印章的刻制。

（2）审批通过后《印章刻制申请表》在各公司行政部/办公室存档备案，并开具公司介绍信委托专人到指定机关代表公司执行印章的刻制。

（3）印章样式应根据国家有关规定制作。部门专用章采用方形式样，字体应使用宋体字和规范化的简化字，材料选用根据同行业标准和惯例确定。

（4）刻制公章、合同章、财务章、发票专用章必须按国家规定在国家法定管理部门指定的地点办理并履行备案手续，严禁在非法定机构刻制印章。

（5）未经公司董事长批准，任何部门和个人不得擅自刻制本部门的印章。对私自刻印、伪造公司印章的行为，公司将追究其法律责任，由此导致的所有法律、经济、民事等责任均由责任人承担。

（6）企业不得在未经工商行政管理机关登记注册、未经公安机关行政许可的刻字社（部、门市）刻制企业印章。企业或刻字社（部、门市）没有按照国家有关规定和本规定刻制、使用和保管印章，给他人造成损害的，应承担相应的法律责任。

（7）因变更名称或印章损坏等原因，需要重新刻制公章和其他业务专用章的，应凭工商行政管理机关核发的营业执照和企业（公司）公函到公安机关办理准刻手续。企业应将旧印章送公安机关指定的刻字社销毁后，方可启用新的印章。

（8）企业公章或业务专用章丢失，需要重新刻制的，应先在公开发行的报刊上登印章丢失作废公告，公告刊载后，企业持公告及营业执照到原批准刻制的公安机关办理印章丢失备案登记和补刻印章的准刻手续。重新刻制的印章在式样等方面应当与丢失的印章加以区别。

（9）每年年检期间，企业应当将正在使用公章、财务专用章、合同专用章和报关专用章印鉴连同《年检报告书》送工商行政管理机关备案。

（10）企业内设党、团、工、青、妇等机构，按有关组织法的规定，经上级机关批准后，持有关批准文件到公安机关办理印章准刻证明，刻制印章。企业附属食堂、浴室、托儿所、卫生所、俱乐部等内部生活服务单位未办理营业执照的，其印章由企业或行业管理部门审查批准，经公安机关批准后可刻制。

（11）企业注销或依法被吊销营业执照，其公章、财务专用章、合同专用章等应交与企业清算组或负责清算的上级主管部门负责保管。企业清算完结并依法到工商行政管理机关办理注销登记时，非公司企业应将全部印章连同注销登记材料交送工商行政管理机关；公司制企业应将全部印章交送原批准刻制的公安机关指定的刻字社（部、门市）销毁，并将刻字社出具的销毁证明连同注销登记材料交送工商行政管理机关。

6.3.4 银行账户开设的基本程序

1. 基本存款账户

企业开立基本存款账户时应先到拟开立账户的银行领取《开户申请书》，按申请书的内容如实填写企业信息，加盖企业公章，并提供企业营业执照正本、税务登记证正本、组织机构代码证正本、法人或负责人身份证等证件的原件和复印件至少 2 套，由开户银行负责审核开户资料原件的真实性、完整性和合规性，在开户申请书上填写开户银行的相关信息及开立基本户的账号，并加盖开户银行业务公章，由开户银行留存 1 套开户资料的复印件，另 1 套开户资料复印件及《开户申请书》送交至人民银行，经人民银行审查符合开立条件的，核准其开立基本存款账户（其中法人企业还需向开户银行领取并填写《中小企业信用档案数据项》，加盖企业公章和开户银行业务公章并按照要求提供相应的资料）。

2. 临时存款账户

（1）异地企业在我县辖内从事建筑施工及安装等临时经营活动，需提供建筑单位的营业执照正本、税务登记证、机构代码证、单位负责人身份证、基本存款账户开户许可证，以及施工及安装地建设主管部门核发的许可证或建筑施工及安装合同等资料 2 套，向开户银行领取并填写《开户申请书》，由开户银行审核后报人民银行核准开立。异地建筑施工安装开立临时存款账户的名称也可以单位名称加项目部名称构成，其预留签章应当与账户名称一致。异地企业若以项目部名称开立临时存款账户，应同时填写《开户申请书》和《申请书附页》，除应提供前面所要求的资料外，还应提供项目部负责人的身份证件、单位授权该项目部开户的授权书，授权书应载明：项目部名称、项目部负责人姓名，以及项目部因账户开立、使用和撤销而产生的所有法律责任由该建筑施工及安装单位承担等内容。

建筑施工及安装单位企业在异地同时承建多个项目的，可以根据不同合同开立不超过合同个数的临时存款账户。

（2）开立公司注册验资临时户时，由企业出具工商行政管理部门核发的企业名称预先核准通知书或有关部门的批文，向开户银行领取并填写《开户申请书》，由开户银行自行开立验资临时存款户。

（3）公司因增资验资开立临时存款户时，企业应出具基本户开户许可证、股东会或董事会决议等证明文件，向开户银行领取并填写《开户申请书》，由开户银行自行开立增资验资临时存款户，该账户的使用和撤销比照因注册验资开立的临时存款账户管理。

3. 一般存款账户

一般存款账户与基本户不能开在同一机构。企业开立一般存款账户时应向开户银行领取并填写《开户申请书》，提供开立基本存款账户的所有证明资料、基本户开户许可证和下列证明文件：因借款需要，应出具借款合同；因其他结算需要，应出具有关证明。符合开立条件的由开户银行自行开立一般存款账户。

4. 专用存款账户

专用存款账户是企业对特定用途的资金，由存款人向开户行出具相应证明账户。如企业的社保基金账户、住房公积金账户都属于该类账户。专用存款账户是企业对特定用途的资金，由存款人向开户行出具相应证明账户。如企业的社保基金账户、住房公积金账户都属于该类账户。

6.3.5 公司转让

公司转让是指，一家公司不需要解散而将其经营活动的全部（包括所有资产和负债）或其独立核算的分支机构转让给另一家企业（以下简称接受企业），以换取代表接受企业资本的股权（包括股份或股票等），包括股份公司的法人股东以其经营活动的全部或其独立核算的分支机构向股份公司配购股票。企业整体资产转让原则上应在交易发生时，将其分解为按公允价值销售全部资产和进行投资两项经济业务进行所得税处理，并按规定计算确认资产转让所得或损失。

1. 转让条件

有限责任公司在本质上是资合公司，这就决定了它必须维持公司资本，在股东不愿和无力拥有其股权时，不得抽回出资，而只能转让于他人，所以转让股权就成了有限责任公司股东退出公司的唯一选择。同时，有限责任公司的建立又以股东间的信任为基础，具有一定的人合性，股东之间的依赖和股东的稳定对公司有着至关重要的作用，这使得股东的股权转让不像股份有限公司的股权转让那么自由，所以各国公司法对有限责任公司股东的股权转让都作出了比较严格的条件限制，这些条件限制主要包括实质要件和形式要件。

（1）实质要件

① 内部转让条件

因为股东之间股权的转让只会影响内部股东出资比例即权利的大小，对重视人合因素的有限责任公司来讲，其存在基础即股东之间的相互信任没有发生变化。所以，对内部转让的实质要件的规定不很严格，通常有以下三种情形：一是股东之间可以自由转让其股权的全部或部分，无需经股东会的同意；二是原则上股东之间可以自由转让其股权的全部或部分，但公司章程可以对股东之间转让股权附加其他条件；三是规定股东之间转让股权必须经股东会同意。

② 外部转让的限制条件

有限责任公司具有人合属性，股东的个人信用及相互关系直接影响到公司的风格甚至信誉，所以各国公司法对有限责任公司股东向公司外第三人的转让股权，多有限制性规定。大致可分为法定限制和约定限制两类。法定限制实际上是一种强制限制，其基本做法就是在立法上直接规定股权转让的限制条件。股权的转让，特别是向公司外第三人的转让，必须符合法律的规定方能有效。约定限制实质上是一种自主限制，其基本特点就是法律不对转让限制作出硬性要求，而是将此问题交由股东自行处理，允许公司通过章程或合同等形式对股权转让作出具体限制。

（2）形式要件

股权转让除满足上述实体条件外，一般还具有形式上的要件，所谓股权转让的形式要件，既涉及股权转让协议的形式缔结；也包括股权转让是否需要登记或公正等法定手续，对于股权转让的形式要件，许多国家的公司法都作了明确规定。

2. 转让流程

股东转让出资作为公司运营中的重大事项，直接关系到大多数股东、公司本身和市场交易相对人（即其他市场主体，如其他公司、团体、个人）的利益，因此，各国法律对股东出资转让程序都做了严格的规定。根据我国《公司法》和相关法律法规的规定，我国有限责任公司股东转让出资一般要经过以下程序：

（1）股东会讨论表决

欲转让出资的股东向公司董事会提出转让出资的申请，由董事会提交股东会讨论表决。这主要是对股东向股东以外的人转让出资的规定，因为股东之间转让出资无须经过股东会表决。另外，股东在向公司董事会提出转让出资的申请之前，往往已同其他股东或股东以外的人达成转让出资的意向。

（2）资产评估

转让出资中对涉及的国有资产和土地使用权、工业产权、专有技术等无形资产进行资产评估。国家为防止国有资产流失，国务院 1991 年 11 月发布了《国有资产评估管理办法》，该办法第三条规定，"国家资产占有单位（以下简称占有单位）有下列情形之一的，应当进行资产评估：（一）资产拍卖、转让；（二）企业兼并、出售、联营、股份经营……"所以，股东转让的出资如果是国有股部分或使国有股发生转让，那么对这部分国有股资产在转让前要委托资产评估部门进行资产评估；对土地使用权工业产权、专有技术等无形资产，其价值的被动性此较大，另外，欲受让出资的新股东若以上述无形资产投入公司，根据《公司法》第 24 条之规定，必须进行评估作价。对新投入的土地使用权、工业产权等，还需办理有关财产权转移手续。

（3）签订转让协议

签订转让出资的协议。转让出资的股东与受让出资的股东或股东以外的人按法律的规定并以股东会的表决结果为依据双方签订转让出资的协议；其中对双方转让出资的数额、转让的程序、双方的权利义务等事项作出规定，使其作为有效的法律文书来约束双方，规范双方的行为。

（4）中外合资或中外合作公司

中外合资或中外合作的有限责任公司股东转让出资，根据（中外合资企业法》或《中外合作企业法》的规定，要经过中文股东的上级政府部门审批，并报送国务院外经贸部门或其授权的地方政府审批同意，方可办理有效转让手续。

（5）出资证明

收回原股东的出资证明书，给受让人发新的出资证明书，并记载于股东名册。《公司法》第 30、31、36 条对股东的出资证明书、股东名册及其变更记载都作了规定。股东转让出资后，由公司将受让人的姓名或名称、住所以及受让的出资额记载于股东名册，具有法律上的公示效力。

（6）表决公司章程

召开股东会议，表决修改公司章程。根据股东的提议，必要时变更公司董事会和监事会成员。公司章程对股东的名称及其出资额都有记载，股东转让出资必然引起股东结构及出资发生变化，所以，按《公司法》第38条对股东会职权的规定，必须召开股东会议，修改公司章程。对原股东出任或委派的董事或监事，受让人作为新股东可提议要求股东会予以更换，可由其出任或委派新的董事或监事。

（7）工商登记注册

就公司章程修改、股东及其出资变更、董事会和监事会的变更等向工商行政管理部门申请工商注册登记事项变更。

至此，完成了股东转让出资的全部法定程序。

（8）转让出资公告

必要时进行转让出资公告。这并不是法律规定的必须程序，但是对较大规模的公司来说，股东转让出资后进行公告，增加公司管理层的透明度，便于增加社会公众，特别是市场交易相对人对公司的信任。

6.3.6 公司注销

当一个公司宣告破产，或者被其他公司收购、公司章程规定营业期限届满、公司内部分立解散，或者由于一些业务经营方式不规范被依法责令关闭，这时公司可以申请注销，吊销营业执照即公司注销。

一些企业经营者不再运营公司了就放任公司不管了，不报税，不注销。也许有人认为公司不注销也没什么大不了，反正公司没业务往来了，账户也没钱了，工商部门拿自己没办法。其实不然，国家对于不注销、不报税的公司早就有明文规定的处罚，不运营的公司一定要及时注销。不注销会产生一些非常恶劣的影响。

经济处罚

公司成立后无正当理由超过六个月未开业的，或者开业后自行停业连续六个月以上的，可以由公司登记机关吊销营业执照。对于不依法正常注销的，第三年不年检会被视为自动吊销。

公司黑名单

未在规定时间内注销的企业会被工商部门拉进黑名单，以后该企业要去工商、税务办理作何事务都会比较麻烦。

法人黑名单

被吊销企业法定代表人、股东会被工商局列入黑名单，在 3 年内无法使用自己的名义再注册公司。税务则永久被列入监控黑名单，如再注册公司，将被税务机关追溯补税罚款。银行个人信用记录不良将保持七年，而且要被罚款；个人信用记录不良将进入征信系统，对本人以后银行贷款、出国等都会有所影响。

总的说来创建一个新企业的要求和流程都比较简单，但是企业注销非常麻烦，因此，只有经过合法的清算、注销程序，公司才能从法律意义上消失，公司及负有清算责任的清算主体才能免除相关的法律责任。

1. 注销条件

（1）公司被依法宣告破产；

（2）公司章程规定营业期限届满或者其他解散事由出现；

（3）公司因合并、分立解散；

（4）公司被依法责令关闭，可申请注销。

2. 注销流程

（1）清算

公司不论是何性质的清算，均应依下列步骤展开：

① 成立清算组。

② 展开清算工作。

清算组自成立之日起接管公司，开展以下业务：接管公司财产、了结公司未了业务、收取债权、清理债务、分配剩余财产、注销公司法人资格并吊销营业执照。

③ 通知债权人申报债权。

④ 提出清算方案。

清算组在清理公司财产、编制资产负债表和财产清单后，拟定提出清算方案，报股东会讨论通过或者主管机关确认。清算方案的主要内容有：清算费用、应支付的职工工资和劳动保险费、应缴纳的税款、清偿公司债务、分配剩余财产、终结清算工作。在清算进行完以后，才能进行注销。

（2）登记

① 注销公司国、地税登记证。

② 到公司主管工商局办理公司注销备案。

所需资料有：公司营业执照复印件、公司股东会决议（内容就是注销公司，成立清算小组)、公司原始档案、到工商局领取表格(这两步可同时办理)。

③ 登报公告(登报45日后再去注销公司)注销登报公告需要到当地市级公开发行报刊办理。

注销公告需提供的所需资料有:公司营业执照复印件、法定代表人身份证复印件、公告内容(××公司,准备注销请各债权债务人自见报45日内到我公司清算小组办理债权债务事宜)。

④ 登报45日后,再次到工商局办理注销申请。

所需资料有:公司营业执照原件(正副本)、税务注销证明文件、公司股东会决议、公司清算报告、工商局领取的表格、公司原始档案

⑤ 到质监局注销代码证

所需资料有:营业执照注销证明文件、代码证原件(正副本)。

至此,公司注销完毕。

6.4 如何设计企业名称

6.4.1 企业名称的规范要求

1. 公司名称基本规范

企业只能使用一个名称,在登记主管机关辖区内不得与已登记注册的同行业企业名称相同或者近似。根据国家有关法律、法规的规定,企业名称一般由四部分组成:行政区划+字号+行业(经营特点)+组织形式。例如:北京顶牛科技有限公司。

(1)行政区划

名称的行政区划一般表述为“北京”或“北京市”,“北京”也可以在名称中间使用,但应加上括号,例如:蓝天(北京)科技有限公司、蓝天科技(北京)有限公司。

企业名称也可以不使用行政区划。申请设立登记时,如名称不使用行政区划,则需要到国家工商行政管理总局申请办理。

(2)字号

字号是区别与拟从事的主要业务相同的其他企业的标志,也就是商号。字号应由两个以上符合国家规范的汉字组成。

字号是公司名称中最重要、最核心的元素,就像给孩子起名字一样,如果

说一个朗朗上口、传播力强、寓意深远字号是公司成功的第一步，也毫不夸张。

（3）行业（经营特点）

名称中的行业（经营特点）是指拟所要从事的主要经营项目。

例如：以经营服装为主的，行业可表述为“商业”“服装”“贸易”等。以技术开发为主的，行业可表述为“科技”“技术”“科技开发”等。以经营餐饮为主的，可以表述为“餐饮”“酒楼”“饭馆”等。

在选择拟从事的行业时，应参照国家统计局印发的《国民经济行业分类》确定。

（4）组织形式

组织形式是企业组织结构或者责任形式的体现。

公司制企业一般应表述为“有限公司”“有限责任公司”“股份公司”“股份有限公司”。

2. 企业分支机构名称

分支机构是企业在登记后，根据经营需要单独设立的不具有独立法人资格的经济实体。分支机构名称一般为从属企业名称+行政区划或地名+字号（可自主选择）+行业（经营特点）+组织形式组成。其中，行政区划、行业、字号可以省略。

3. 法律法规对企业名称的特别规定

（1）企业名称不得含有下列内容和文字：有损于国家、社会公共利益的；可能对公众造成欺骗或者误解的；外国国家（地区）名称、国际组织名称、政党名称、党政军机关名称、群众组织名称、社会团体名称及部队番号；其他法律、行政法规规定禁止的。

（2）企业名称应当使用符合国家规范的汉字，不得使用汉语拼音字母、阿拉伯数字等，法律法规另有规定的除外。

（3）在名称中间使用“国际”字样的，“国际”不能作字号或经营特点，只能作为经营特点的修饰语，并应符合行业用语的习惯，如国际贸易、国际货运代理等。

（4）企业名称不应当明示或者暗示有超越其经营范围的业务。

6.4.2 企业名称类型

1. 以地名作公司名

比如长江企业公司、黄河集团公司、泰山集团公司、嘉陵摩托公司、珠江集团公司、张家界旅游公司等等。此种取名，在我国较为常见。

2. 选用富贵气派类字作公司名

此类公司用名又可分为含蓄与直白两类。比较直白的企业名竭力显示自己不同凡响的气派，如“金利来”“银利来公司”“富绅公司”“富贵鸟皮鞋公司”“小霸王电脑公司”“皇家度假村”“帝王大酒店”，等等；含蓄的有“红都影业公司”“新时代广厦”“天龙沙发厂”“巨人树制衣公司”“高雅丝织品有限公司”，等等。

3. 选用传统商业味极浓的名称作公司名

此类名称旧时中国最为盛行，如“源丰票号”“大庆元票号”“福康钱庄”“顺康钱庄”“汇丰银行”“瑞康盛颜料号”，等等。这类公司名称，大都是用带有吉利、吉祥的汉字组合而成，取其经营生产吉利之意。

4. 选用现代意味的名字作公司名

一些公司为顺应时代趋势，迎合现代消费者的审美情趣，注意选用现代意味的名字，这类名字一般给人一种“洋”气感觉，给人一种商品味，新颖的感觉。如“百盛集团”“美加净化妆品有限公司”“阿里巴巴”，等等。

6.4.3 好的企业名称的特征

1. 公司必须与经营商品相吻合

公司取名方法，通常能反映经营者的经营特色，或反映主营商店的优良品质，使消费者易于识别店铺经营范围，并产生购买欲望。比如“同仁堂”“德仁堂”，作为老字号中药店已是家喻户晓，“堂”作为中药铺已成了约定俗成的识别标志，故人们只一看“同仁堂”招牌或其他什么“堂”招牌，就知道是卖中药的。又如“功德林”店名，反映经营者擅长烹调素菜。

2. 简洁为好，易读易记

公司取名不能起得太复杂，否则会引起负作用。比如有的商店喜欢采用繁难字为店名，使顾客不仅不能认识，而且也读不出音来，为避免出现这种情况，一般是不进这类难识之名的商店大门。而像“万客来”“半分利”“合口味”等店名，则明白简洁，易于传播。

3. 公司取名必须新颖，不落俗套，能迅速抓住消费者的视觉商店起名必须新颖，能引起消费者的兴趣，吸引他们光顾商店，如“一口鲜”“大三元”“狗不理”之类商店名，都使消费者产生兴趣和好奇心。

4. 公司取名应给人以美感和艺术修养好的公司名，有文化底蕴，使消费者感到放心惬意。如“楼外楼”“陶陶居”之类起名。

企业名称案例分析

阿里巴巴

马云：“我取名字叫阿里巴巴不是为了中国，而是为了全球。”

从这个起名字的理由看，就知道马云当初创立阿里巴巴的时候，就心系全世界，真应了一句“定位决定地位，眼界决定境界”。阿里巴巴这个名字的来由故事是：马云有一次在一家美国餐厅吃饭，突发奇想，找来了餐厅服务员，问他：“你知道阿里巴巴吗”。服务员回答说：“知道呀，我还知道阿里巴巴打开宝藏的咒语是芝麻开门。”之后马云又在全球各地反复地询问他人这个“奇怪的问题”，经过这个貌似无厘头的测试，马云发现阿里巴巴的故事被全世界的人所熟知，并且不论语种，发音也近乎一致。就这样马云将“阿里巴巴”确定为公司的名字。

宜家家居

宜家的品牌命名也是一个典型的成功案例。

宜家家居（IKEA）于 1943 年创建于瑞典，“为大多数人创造更加美好的日常生活”是宜家公司自创立以来一直努力的方向。宜家品牌始终和提高人们的生活质量联系在一起并秉承“为尽可能多的顾客提供他们能够负担，设计精良，功能齐全，价格低廉的家居用品”的经营宗旨。

“IKEA”只有短短的 4 个英文字母，便于人们记忆，而且发音短促响亮。人们发出“IKEA”这个音节时，嘴型会自然摆出微笑的表情，让人产生愉悦的感觉。

这与宜家的宗旨是相符合的。宜家从创建开始，就一直致力于为人们打造舒适、愉悦的家庭环境，让人们的生活更加方便、惬意。“IKEA”的品牌名称和音节特点，正好符合了这一点。与此同时，“IKEA”很短，方便人们记忆，人们也乐意提起这个音节。而在中文翻译方面，也可以说是有一个很巧妙的音译。“宜家”不仅与“IKEA”发音近似，具有与英文名称一样的优点，而且“宜家”二字让人很容易就联想到家居行业。“宜”是“方便”“好”的意思，“家”让人感觉温馨、体贴。“宜家”二字合在一处，不仅仅是“IKEA”的简单音译，更让宜家品牌在中国市场更加容易被消费者所接受。

6.5 如何选择经营场所

6.5.1 影响经营场所选址的关键因素

选址时应该注意的因素可划分为：市场因素、商圈因素、物业因素、个人因素、价格因素。

市场因素，可以从顾客和竞争对手两个角度来考虑。从顾客角度看，要考虑经营地是否接通顾客，周围的顾客是否有足够的购买力。对于零售业和服务业，店铺的客流量和客流的购买力决定着企业的业务量。从竞争对手角度看，经营地点的选择有两种不同的思路：一是选择同行聚集林立的地方，同行成群有利于人气聚合与上升，比如当下的服饰一条街、建材市场、家电市场、小商品市场等；另一种思路则是别人淘金我卖水，别人都蜂拥到某地去淘金，成功者固然腰缠万贯，失败者也要维持生存。如果到他们中间去卖水，肯定稳赚不赔。

商圈因素，就是指要对特定商圈进行特定分析。如车站附近是往来旅客集中的地区，适合发展餐饮、食品、生活用品；商业区是居民购物、聊天、休闲的理想场所，除了适宜开设大型综合商场外，特色鲜明的专卖店也很有市场；影剧院、公园名胜附近，适合经营餐饮、食品、娱乐、生活用品等；在居民区，凡能给家庭生活提供独特服务的生意，都能获得较好发展；在市郊地段，不妨考虑向驾车者提供生活、休息、娱乐和维修车辆等服务。

物业因素同样也不能忽略，在置地建房或租用店铺前，创业者应首先了解地段或房屋的规划的用途与自己的经营项目是否相符；该物业是否有合法权证；还应考虑该物业的历史、空置待租的原因、坐落地段的声誉与形象等，是不是环境污染区，有没有治安问题等都是创业者选择时需要考虑关注的。

地区因素指的是经营业务最好能得到当地地区和政府的支持，至少不能与当地的政策背道而驰。

个人因素，有时会被一些创业者过多地关注，一些人常常选择在自己的住所附近经营，然而这种做法，可能会令创业者丧失更好的机会或因经营受到局限，购买力无法突破。

创业者在购买商铺或租赁商铺时，要充分考虑价格因素，包括资金、业务性质、创业成功或失败后的安排、物业市场的供求情况、利率趋势等，以免做错误决定，对企业的业务经营造成不良影响。

6.5.2 经营场所选址的基本步骤

1. 明确需求

根据影响经营地址的关键因素，结合个人以及新建企业的特点，明确自己最看重的因素，即自己的需求，最好是将各项因素按照对自己的重要程度进行排序，有利于后期比较过程中进行选择。

2. 信息搜集

根据自己的选址要求，搜集大量符合基本要求的经营地址信息。

从大量的经营地址信息中，初步筛选出符合自己需求且性价比相对合适的5-6家经营场所。具体的筛选办法有：排除法、评分排序法等，筛选依据是自己认为重要的关键因素。

3. 全面考察

通过中介或者直接联系经营场所的物业管理人员，开始对预选的经营地址依次进行考察，具体考察内容就是之前设计好的关键因素，例如交通、市场环境、周边商圈情况、自然环境、物业环境、租金情况，等等。必要情况下，应该访谈一些现有入驻的企业、周边商户、地产中介等，了解他们的真实反馈，从而证实之前的消息是否正确。

4. 分析评价

根据考察结果，就预选的几家经营地址进行综合的比较分析与评价。必要情况下还可以将几项关键要素设计成评分问卷，由核心团队成员分别打分，然后，综合大家的评分结果，选出大家一致认可的经营场所。

6.5.3 注册地址与经营场所的相关问题

1. 注册地址

第一种：写字楼

一般写字楼是可以直接注册的。在注册过程中需要提供产权证明的复印件加盖产权单位公章。及《企业设立登记申请书》经营场所页加盖产权单位公章。和租赁人和业主或者物业签署的租赁协议原件。这种地址不需要特殊的程序。

第二种：商业用房

区分房屋用途是否为商业用途的，主要是看房屋产权证中房屋规划用途性质，商业的或者办公用途的直接就可以使用。

产权单位为小业主的：房产证完整的一套复印件上每一页都由房屋所有权人签字,《企业设立登记申请书》经营场所页房屋所有权人签字。和租赁人和业主签署的租赁协议原件。

第三种：居民楼

居民楼又称民宅，就是供人们居住的地方。现在政府已经放宽政策，可以用居民楼来申请注册地址。不过需要经过一整套的手续才可以获得居委会的盖章。

具体步骤如下：

（1）到所在的居委会或者业委会做出住宅变办公的申请，填写登记表（居委会提供）。

（2）之后是为期 10 天的公示期，公示期间居民楼内所有居民可以就住宅变更办公场所作出意见反馈，如果十天到十五天内没有反对意见，即通过公示。

（3）接下来就可以找居委会盖章了。如果居委会是筹备委员会的话可能还需要所在的街道办事处盖章。

（4）持申请资料到工商局办理公司注册。

第四种：虚拟地址

虚拟地址就是指可以用来注册，但是不能在该地址办公的一种新型的适合初创企业资金短缺而又需要的创业的注册服务，是由有分租房资质的公司提供的虚拟办公地址。

这种地址是有正规的有分租房资质和房产经纪资格的公司提供的。里边的办公条件都非常好。提供的服务也是面面俱到。

大概包括：① 地址提供；② 提供本地电话号码；③ 提供秘书服务，以你公司的名义来接听电话，并转至你电话；④ 免费的前台服务；⑤ 免费收发传真，信件留言；⑥ 提供行政和技术支持；⑦ 提供会议设备等。当然还有一些政府的或者开发区提供的地址，也都是真实的。

2. 选择注册地址时应注意的问题

（1）《房屋所有权证》应载明“房屋用途”，未记载“房屋用途”的，还应提交《建设工程规划许可证》或《土地使用权证》复印件。

（2）使用未取得《房屋所有权证》的房产作为住所（经营场所）的，应提交房屋建设行政管理部门出具的证明文件。不能提供证明文件的，提交规划行政主管部门出具的《建设工程规划验收合格通知书》和房屋建设行政管理部门出具的《竣工验收备案表》。《通知书》《备案表》中记载的建设单位与产权单位不一致的，还应提交房屋建设行政管理部门出具的有关证明文件。

不能出具《建设工程规划验收合格通知书》和《竣工验收备案表》的，住所（经营场所）位于城镇地区的，应提交区县人民政府或区县规划行政主管部门出具的证明文件，证明文件应记载房屋权属、房屋用途等内容，并应明确该住所（经营场所）不属于违法建设。住所（经营场所）位于农村地区的，应提交乡、镇人民政府出具的证明文件，证明文件应记载房屋权属、房屋用途等内容，并应明确该住所（经营场所）不属于违法建设。

（3）将住宅楼内的房屋改变为经营性用房作为住所（经营场所）的，应当符合国家法律、法规、管理规约的规定，并按以下要求提交有关文件：

① 将住宅楼内的居住用房屋改变为经营性用房的，还应提交《住所（经营场所）登记表》，以及所在地居民委员会或业主委员会出具的有利害关系的业主同意将住宅改变为经营性用房的证明文件。

② 将平房中的居住用房屋改变为经营性用房的，还应提交房屋建设行政管理部门出具的同意改变为经营性用房的证明文件。属于宅基地上建设的房屋，应提交乡、镇政府出具的同意改变为经营性用房的证明文件。

③ 住宅及住宅楼底层规划为商业用途的房屋不得从事餐饮服务、歌舞娱乐、提供互联网上网服务场所、生产加工和制造、经营危险化学品等涉及国家安全、存在严重安全生产隐患、影响人民身体健康、污染环境、影响人民生命财产安全的生产经营活动。

（4）根据建设部等部门制定的《关于规范房地产市场外资准入和管理的意见》，使用境外机构和个人购买的房屋作为住所（经营场所）从事经营活动的，该境外机构和个 人应当按照外商投资房地产的有关规定，设立外商投资企业，通过外商投资企业开展出租等相关业务。但出租的房屋属于在《关于规范房地产市场外资准入和管理的意见》实施（2006 年 7 月 11 日）之前境外机构或个人在我市购买的，如出租面积在 500 平方米以下，承租方持《企业住所（经营场所）证明》、房屋所有权证 复印件办理登记注册；出租面积在500平方米（含）以上的，境外机构和个人应成立相应的物业经营企业，并委托该物业经营企业负责出租等业务，承租方持《企业住所（经营场所）证明》、加盖印章的物 业经营企业执照复印件、房屋所有权证复印件及境外机构或个人委托该物业经营企业负责出租业务的委托书复印件办理登记注册。

（5）境外机构和个人出租其购买的住宅的，除应参照上述规定办理有关手续外，还应提交《住所（经营场所）登记表》，以及所在地居民委员会或业主委员会出具的有利害关系的业主同意将住宅改变为经营性用房的证明文件。

3. 企业驻所（经营场所）应注意的事项

（1）城镇范围内房屋用途登记为居住（具体指：公寓、花园住宅、联列住宅、新工房、新式里弄、旧式里弄、简屋等）且未办理“居改非”手续的房屋不得用于企业登记；

（2）经所在地村民委员会审查同意，允许农民以宅基地房屋自营或出租给他人开办个体工商户从事小型商业零售、“农家乐”等与农民生产生活密切相关的经营活动或者作为农民专业合作社的经营场所。

（3）非居住用房作为企业经营场所登记的，工商登记机关不审查具体房屋类型和用途。但是以下情况除外：

①“配电间”“消防通道”等涉及生命、财产安全的专用房屋，不得作为企业的经营场所；

② 使用居民小区内会所及其他非居住用房作为经营场所的，其从事的经营项目应当符合建筑规划的用途并经业主委员会同意。

（4）申请人提交的作为产权证明的房屋产权证应当载明房屋的类型与用途：记载为“详见附记”的，应当同时提交产权证附记；记载为“详见登记信息”的应当同时提交所在区县房地产交易中心一个月内出具的房屋权属信息单。

（5）房屋产权人应与出租方一致。如不一致，按以下情况提交材料：

① 如系同一企业变更名称，应当提交新《营业执照》与《名称变更核准通知书》的复印件；

② 如系房屋产权人委托出租，应当提交产权人出具合法有效的授权书或委托书；

③ 如系承租人转租，应当提交产权人同意的书面文件，但承租人经产权人书面授权可以转租的除外。

6. 房屋租赁协议（合同）由当事人自行订立，但应当包括下列内容：

（1）租赁双方的姓名（名称）出租方应当是房屋所有权人、依法代管房屋的代管人、合法的受托人或有权转出租人。承租方应当是实际使用该场地经营的企业，在企业尚未成立的情况下也可由其拟任法定代表人或股东（大）会授权的自然人（单位）代为签署。

（2）租赁地址。租赁地址必须与产权证明上的地址相一致，且写明具体室号、部位。

（3）租赁期限。租赁协议（合同）到期日不得早于登记日期。

7. 产权证明无具体道路门牌号码、门牌号码不清或者产权证明上门牌号码与经营场所实际门牌号码不一致的，应当提交所在地公安局派出所出具的证明文件。

8. 产权证明上同一地址（室号、部位）的房屋只能登记为一家企业的经营场所，但企业实际使用的经营场所小于产权证明最小单位且与其经营范围相适应的，申请人提交了由产权人出具的场地分割平面图并附书面划分说明，可以登记为企业实际使用的经营场所的地址（室号、部位）。

【案例分享】

2016 年，华为向苹果许可专利 769 件，而苹果对华为的专利许可为 98 件。2016 年，我国发明专利申请达到 133.9 万件，连续 6 年位居世界首位，发明专利申请量排名前三的公司分别为华为、中石化和乐视。

一年前，华为在欧洲展会上发布了其公司旗舰产品 MateS，引发市场轰动和消费者的关注，甚至那次的 IFA2015 被形容为“再次成为中国手机厂商的秀场，其中以华为最为引人注目”。

有媒体和分析认为，“中国手机产业（包括厂商）已经具备与苹果和三星对标的实力，尤其是在高端市场。”

一个月前，华为诉三星专利侵权案一审胜诉：法院判决三星公司停止制造、许诺销售、销售搭载涉案专利技术方案的移动终端共计 22 款 Galaxy 系列手机，同时赔偿华为终端公司经济损失 8000 万元及为制止侵权所支付的合理费用 50 万元。

华为与对手专利诉讼战

2011 年 1 月，华为一纸诉状将摩托罗拉与诺西（诺基亚西门子网络公司）一同告上法庭，直指在诺西收购案中将涉及华为的知识产权。同年 4 月，摩托罗拉宣布双方已就所有未决诉讼达成和解。

2011年4月，华为在德国、法国和匈牙利对中兴提起法律诉讼，指控其侵犯了华为的专利权和商标权。

2016年5月，华为在中美两国对三星侵犯通信专利提起诉讼，近日，泉州中院一审宣判三星（中国）投资有限公司等三被告败诉，需共同赔偿8000万元人民币。

2016年7月，华为向美国第四大运营商T-Mobile提起专利诉讼，认为后者在并未签署专利授权协议的情况下，继续使用华为的4G LTE相关通信专利技术。

华为专利为什么这么自信?

众所周知，华为知识产权管理奠基者宋柳平博士是甚少谈“知识产权战略”的，但是，宋博当年“数量当先”（俗称“先上量”）引当年风气之先，曾经深深地影响了一代知识产权从业者，无论是企业专利管理人员，还是政府、学界知识产权从业者。

然而在完成了“量”的基本积累之后，华为再次提出“质量制胜”（这个不是原话，是作者总结）的观点，到近几年华为大力呼吁提高知识产权保护水准，以及公开自己曾经缴纳的专利许可费数额，等等。

这一系列动作背后，无一不反映出华为在专利管理战略指导思想上的清晰、明确、一贯性、系统性和独立思考。

十年前，全国最大的企业专利管理团队是富士康专利团队，所说有300人左右。

十年过去了，现在华为的专利团队也早就达到了300人左右。以至于知识产权圈流传着一些说法：十年前有专利团队的公司就有出自富士康的专利工程师，开会时一帮富士康背景的企业专利主管；现在开会时，则是一帮子华为中兴背景的专利主管。

实际上，在著名的思科诉华为案发时，华为专利团队也不过十几人之数，正是华为长期在专利团队队伍建设上的投入，使得华为专利团队从人数、专业知识积累与拓展、技能训练与提升、协同与合作等不同方面得到了有效提升。

与此同时，另一个队伍建设比较牛的地方，就是华为几乎没有出现资深专利工程师批量流失的情况，因而没有出现断崖跳水式滑坡，也没有出现知识、经验和技能的断层，这点也正是很多企业曾经出现和即将面临的困境。

今天，我们都知道华为的专利工程师有非常良好的内部培育体系，一般在华为呆过3至5年以上的专利工程师，无论是专业基本功、职业素养、研究能力和发展后劲都比较好，而且通常职业态度比较端正。

华为专利团队建设成功之处还在于：华为是将自己培养的人才输送到全球的华为分部去管理、支持华为在当地的业务需求，而不是像大部分中国企业那样内、外“两张皮”。

国内用本土专利人才，国外直接聘请国外专家。二者要么互不隶属，要么一般是“洋管中”，偶尔出现几个“中管洋”，也经常管不着，原因包括业务能力问题、业务处理理念问题，以及最常见的英语不好。

华为专利团队是深圳华为专利总部统一管辖下的专利团队，其理念、业务处理有着从总部根据公司整体战略需要而制定的一套完整的流程和机制，而不是“两张皮”，或者“多张皮”团队。

据称过去3年，华为在美国每年遭遇的专利侵权诉讼均在50起以上。我们也知道，华为与几乎所有的主流电信设备厂商（爱立信、思科、北电、Moto、诺基亚、三星……）都有各种各样的专利许可交易。

然后，还有引起中国知识产权圈重大震动的“中华大战”。可以说，华为具备在所有对抗性战线上处理专利问题的能力。

是否具备打硬仗的能力，是一个企业专利能力的核心和关键。

与专利有关的硬仗，主要是四类。

专利侵权诉讼：你告，或者被告，诉讼都在那里，等着你处理；专利交易谈判：你买进，或者卖出，分析都在那里，等着你处理；专利权利稳定性纠纷：你无效，或者被无效，检索都在那里，等着你处理；专利权属纠纷：是你的，或者不是你的，证据都在那里，等着你提供。

华为专利在保障华为产品经营自由方面已经构建了完整的能力体系。

这个能力体系不是为了不向任何专利权人缴纳专利许可费的体系，而是包括专利许可、专利风险处理、专利成本分担等一系列行为能力的体系。比如：说服公司向专利权人缴纳专利许可费以保障产品进入专利权覆盖的市场，这是一种能力。

很多公司的专利管理者，在企业处于利润空间较好的期间，却没有缴费换市场的专利战略视野，没有说服公司为专利许可费放出提前量的能力，这不能仅仅归咎于企业高管（尤其是老板）们的战略眼光不够，而应该更多地反思自身是否具备这样的战略思考和说服能力。

又如，在完成了专利布局和大量标准专利布局之后，通过对外专利许可，获取许可收益以分担产品线的成本，这也是一项非常重要的能力，当前能做到这点中国大型产品公司，不多。

华为在做，而且有所突破。从1990年代中开始计算，华为的专利管理到今天也不过二十来年的时间，在这样一个明确的时间周期内，华为实现了从专利许可费净输出到收取大量专利许可费的转变。

在公众和业内同仁眼里，华为除了很专业，还很神秘。华为专利团队一直在探索和突破，比如：在专利立法领域，我们知道华为投入了很大精力去研究专利法律法规的修订，华为同仁所提供的专利法修订建议或意见总是附带着沉甸甸的数据分析或者资料收集、整理、对比或分析。

【思考】

1. 华为的“自信”来自于哪里？
2. 专利性对于一个企业的重要作用？

7 互联网创业企业管理之团队管理

本章重难点

【本章重点】

创业团队是两个或两个以上具有一定利益关系的、拥有所创建企业所有权或者处于高层主管位置，并共同承担创建和领导新企业责任的人所组成的工作群体。

组建一个好的创业团队需要遵循的原则：目标明确合理原则、互补原则、精简高效原则、动态开放原则。

团队组建程序一般为：明确创业目标、制定创业计划、招募合适的团队人员、职权划分明确。

从创业团队建设的角度来看，有效团队的特征具体表现在内部结构特征、外部环境特征、文化特征三个方面。

【本章难点】

团队成员可分为三大类、九种不同角色：行动导向型（鞭策者、执行者、完成者）、人际导向型（协调者、团队工作者、资源调查者）、谋略导向型（监察员、专家、创新者）。

人员配置原则：选贤任能原则、适才适能原则、群体相容原则、用人所长原则、协调发展原则。

创业企业的关键管理因子：标准能力、差距能力、纠正偏差。

7.1 组建创业团队的方式

由于现在创业的不断发展，各个行业之中创业公司不断涌现，使得创业公司的盛衰更迭更加的快速明显，创业者在注册公司时就组建优秀的创业团队并且建立规范化的管理系统，来帮助企业进行良好的发展。

创业团队是两个或两个以上具有一定利益关系的、拥有所创建企业所有权或者处于高层主管位置，并共同承担创建和领导新企业责任的人所组成的工作群体。铁打的团队，流水的创业项目，一流的创业团队在实践其良好的有效的管理方式之中都有一些共同点。

一个喜欢独立奋斗的创业者固然能够谋生，但是想要一个公司一个企业进行长久的发展，并且在发展之中谋求壮大，就要求创业者需要构建一个优秀的创业团队，这个创业团队在有较强凝聚力以及专业实力的情况下，能够立足于长远的目标，就能使得企业在危难之中平安度过，加快成长步伐。团队成员之间的互补、协调以及与创业者之间的补充和平衡，对新创科技型企业起到了降低管理风险、提高管理水平的作用。

首先，一个团队需要一个核心，即一个“发号施令”的人。在历史中，“独裁”比“民主”效率更高，尤其是在创业初期，创业团队的核心要拥有对于团队的控制权，有绝对的自主权。创业核心领导人没有权利拍板，凡事掣肘，项目进度就会自然而然被拉长，不利于团队达成目标。

其次，注意团队的凝聚力。创业初期资金紧张，员工待遇往往不尽如人意，人才对于团队来说是十分重要的，好的管理者应该做好团队成员沟通及管理，严格控制人才流失，避免团队在一段时间内转入“空窗期”。

最后，还应在员工的能力提升上下功夫。在工作的时候，仅仅只使用学校里学来的知识是不够的，更何况在这个日新月异的社会，员工们更应该不断地刷新自己的认知，提升自己对于新事物的接受能力以及学习能力，不断地完善自身，才能整体提升团队的协作能力，提高团队的效率。

做好以上的团队组建的心理准备以后，还要明确要组建一个好的创业团队，必先遵循以下四个原则：

目标明确合理的原则。

目标一定需要明确，这样才能使得团队成员们明确自己的目标，增强团队凝聚力，但是同时，团队的目的也必须是合理的、切实可行的，这样才能激励团队成员。

互补原则。

之所以需要组建创业团队来迎接市场带来的挑战以及风险，是因为创业过程中，创业团队需要不断地在知识、技能、经验等方面实现互补，弥补创业目标以及自身能力之间的差距。只有实现了能力等方面的互补，创业团队才能发挥出“1+1＞2”的协同效应。

精简高效原则。

创业前期由于创业基金的匮乏，为了减少创业期的运行成本、最大比例的分享成果，创业团队人员构成应在保证企业正常运转的前提下尽量精简。

动态开放原则。

创业的过程中充满不确定性，市场的不断变化要求创业团队要根据市场的变化以及顺应企业的发展而做出适当的调整，团队中可能会出现因为能力、观念、目标等多种原因的不同不断有人离开，同时也会有人进入为团队注入新鲜血液。因此，在组建创业团队的时候，应当注意保持团队的开放性以及动态性，使得真正与团队契合，能够为团队创造价值的优秀人才能够吸纳进创业团队之中。

根据这四项原则组建出创业团队之后，创业团队就要明确其目标，对于大部分的创业团队来说，创业的初期，只有研发产品以及寻找用户需求才是重中之重，所以创业团队切忌折腾，简单但是健全的团队结构，能够在适当的工作进度之中稳步前行，稳扎稳打，不断地吸纳更好的人才与团队契合，不断的总结经验才行。

明确了组建创业团队的原则以后，团队的组建也并不是轻而易举的，不同类型的创业项目所需要的创业团队不一样，创建团队的步骤也不尽相同，概括的来说，大致的组建程序如下：

明确创业目标。

创业团队的总目标是通过完成创业阶段的技术、市场、规划、组织、管理等各项工作实现企业从无到有、从起步到成熟。总目标确定以后，为了推动团队最终实现创业目标，再将总目标进行拆解，设立适当数量的、可行的、阶段性的小目标。

制订创业计划。

在确定了总目标并设立了一个个阶段性的小目标之后，团队就应该趁热打铁制定出一系列的创业计划来实现自己的目标。创业计划是在对创业目标进行适当拆解的基础上，以团队整体出发，制定较为详细的阶段性计划用于创业团队的不同时期，逐步的实现团队总目标。

招募合适的团队人员。

招募合适的团队成员是组建团队的关键性一步，与团队契合的成员能够使得团队的工作效率上升。在招募团队成员的时候，往往要考虑以下两个因素：①互补性，即考虑成员之间的能力、技术、经验等方面的互补，这种互补性能够有助于强化团队成员之间的彼此合作，在保证团队和谐稳步发展的情况下，能最大程度的发挥每个人的专长，发挥团队的作用。② 规模合适。适度的团队规模以及合理的团队结构能保证团队的高效运转，对于创业团队来说，高效率的完成任务不仅是节省了时间成本，而且在时间差上创造了更多的利润。团队成员太少，结构过于简单就会使得团队成员的优势无法得到发挥，团队的优势无法展现，而团队成员过多，结构过于复杂，就会使得团队内部沟通产生问题，信息交流产生偏差，管理难以有序的进行，会削弱团队的凝聚力，降低团队的效率。一般认为，创业团队在 12 人以内最佳。

职权划分明确。

为了保证团队成员的工作能够顺利有序且高效的进行，防止各成员之间的推卸责任，团队必须在组建时就明确好每个人的职权划分，具体确定每个团队成员所需要承担的责任以及享有的权利。职权划分明确，才能避免职权的重叠以及交叉，并且避免无人承担责任造成工作上的疏漏。除此之外，由于创业过程中创业市场处于动态之中，创业团队需要不断的更换成员，吸纳不同的优秀人才，所以团队的职权也会不断的调整。

7.2　创业团队的分工

英国团队管理专家马里谛斯·贝尔宾观察与分析成功团队发现，每一个团队的组成人员都包含三大类、九种不同的角色，依据成员所表现出来的个性及行为特征所划分，分别担任活动执行，创意发想与流程管理等各个方面的活动，当团队种具有这九种角色之后，其组织活动就运行良好。该理论在实践中有助于主管在构建团队时，保障每个职位的逻辑性以及完整性，并让成员分析自我能力与特质，找到自己在团队中的定位，以及团队应该如何完善自身，提升团队竞争力。

以下三种不同的角色类型，并不是每人只能担任其中的一种，在能力等条件允许的情况下，可以一人分饰多角，必要时甚至能转化角色。通过九种角色去规划和寻找组员，能让团队的构成更加的多元、合理，成员各司其职，工作有条不紊。

行动导向型。

这类成员负责执行团队任务活动。他们负责项目的具体实施以及目标达成。

通常包括鞭策者（寻找方案，推动一致意见、目标、行动）、执行者（项目的每一项具体实施）、完成者（强调任务的目标要求，日程表，查漏补缺，督促他人完成等）。

人际导向型。

在团队之中，无论团队成员的多寡，沟通都是必须的，不仅能够增加员工之间的联系，提高团队凝聚力，也能保证员工之间的信息对称，做出的决策更加的合理准确。人际导向型就是负责协调团队内外部的人际关系。通常这种类型的角色分为协调者（协调各个部门以及各个员工之间的关系）、团队工作者（团队工作，给予他人帮助与支持，增强团队凝聚力）、资源调查者（获取外部及内部信息并提出有用的建议）。

谋略导向型。

运筹帷幄，决胜千里之外。这种类型的决策往往是团队的最核心部分，负责发想创意与提供专家智慧。通常分为监察员（监督项目各个目标各个环节的达成，对成员的判断及作用做出评价）、专家（为项目提供技术等方面的支持）、创新者（为项目提供点子和计划，为项目执行提出建议、批评以及新的看法）。

根据不同员工的专长为员工们设定不同的职位，负责不同的方面，使他们各司其职，发挥自己最大的作用。高效的团队工作有赖于默契的合作，团队成员只有认清自己与他人所扮演的角色，所要承担的责任，才能体现出员工之间的互补性，弥补不足，发挥优势。

想要在分工上做到合情合理，发挥最大优势，首先要遵循以下几个原则：首先，应该角色齐全，在人数不多的情况下可以一人身兼多角。其次应该明白要容人短处用人所长，团队就在于每个人的缺点能够用其他成员的长处弥补，然后就是尊重差异，实现互补，因为每个人的特长不同，尊重其差异才能善用其差异。最后增强弹性，主动补位。当一个团队在九种团队角色出现欠缺时，其成员应该增强弹性，主动实现团队角色的转换，使得团队的结构从整体上趋于合理，以便更好的达成团队目标。

在明确了团队角色结构以及分工原则之后，就要开始根据员工来进行分工，首先应该对团队成员性格、能力、技术等方面进行评价，分析每个成员在团队中最合适的角色；其次分析团队需要达成的目标，目标达成需要履行哪些职责，每种职责又应该又团队中哪种角色的人去完成；然后，将人、角色与职责相配对，保证角色齐全、功能齐全、职责无遗漏；最后要结合各人适合扮演的角色，为每项职责寻找合适的替补人员并加以培养，确保在团队之中有人休假或者突然离职时，工作不会中断。

7.3 创业企业的人力资源管理

7.3.1 初创期企业的人力资源管理

1. 构成团队

组建创业团队的主要工作之一，就是应形成团队的内部结构框架，而要组建创业团队的内部结构，首先就必须确立团队的任务、目标、角色、规模和行为准则，因为这些也正是团队的构成要素。

（1）任务和目标

任务与目标是设计创业团队的依据。在设计团队的过程中，先要把整个组织的任务与目标具体化、尔后再将这些任务与目标分解为更小的相互关联的任务与目标，由此来设计完成这些任务与目标的创业团队。在创业组织中协调团队之间的关系的工作还是不能完全消除，这就有必要建立相应的整合系统。另外，为了优化团队设计、适应变化了的环境、提高工作绩效、各种临时性的或长期性的促进型系统在必要时也是需要的。

（2）团队的内部角色

创业团队到底要包括哪些角色，这主要由创业团队所担负的任务与希望达到的目标来确定。不过通常而言，创业团队都包括因队领导人、一般团队成员、团队顾问、专题专家、内外联络人员等角色。这些角色不一定要由不同的人来承担，同一个人可以同时担任多个角色。

团队领导人

团队领导人的责任主要是：帮助管理层对团队实施任务管理、边界管理、绩效管理等；建立部门之间的交流渠道，消除重复努力；建立团队与外界宏观环境的联系. 为团队的成长创造良好的环境；向团队传达和贯彻组织政策、工作细节、上作规则。

团队成员

团队成员的责任包括：并为团队目标的实现尽心尽力；帮助保持并扩大团队共同努力的成果；维护团队的团结，保护团队的荣誉；保守团队的机密；努力保质、保量、按时或超标完成团队分给自己的任务；努力改进团队的工作成绩；与其他成员密切协作；随时向其他成员提供帮助。

团队顾问

团队顾问的责任包括：向组织高层领导提供关于怎样建设团队的咨询；帮助组织高层制定如何进行团队建设的战略；在团队建设的过程中提供各类指导与帮助，主要包括在团队组建期帮助团队形成团队目标，帮助挑选团队成员、帮助制定工作准则与行为规范等。

专题专家

专题专家的责任包括：就团队在工作过程中碰到的有关销售、盘存、运输、保险业性问题提出自己的看法与建议；在解决团队碰到的问题时，既要运用和贡献自己的专业技能、又不能存有专业偏见或固于专业视界，一切以提高团队集体绩效和促进团队成长为目标。

内外联络人

内外联络人的责任为负责团队的内外联络，如负责团队的信件邮递，接电话，回答人们的咨询等。团队成员可以轮流担任这一角色，但不要经常更换，以免引起混淆。

（3）团队的规模

在“理性复杂人”的假设下，团队越大，团队成员将越不会自发提供“公共物品”，就越不会采取团队行动。而且，团队越大，个人的行为对团队整体的影响将会更加微乎其微，团队成员间的信息与情感交流也会更加困难。所以，要想使团队更加有效，必须使团队规模尽量小。

创业团队规模一般而言应尽量小，但创业团队规模还受其他许多因素的影响。有研究表明：① 当期待团队采取行动时，团队规模应该小一点。而当希望听取意见、反映情况时，团队规模应该大一点。② 当团队的任务是作出高质量的复杂决策时，最好由 7—12 人组成。③ 当团队的主要任务是解决矛盾和冲突，取得协议时、最好由 3—5 人组成。④ 当团队既要取得协议，又要作出高质量决策时，最好出 5—7 人组成。⑤ 当团队要迅速作出决定并采取行动时，团队成员人数员最好是奇数而不是偶数。总的来说，团队的规模到底应是多大好，并没有定规。我们的观点是，为了提高团队效率、团队应包括为完成其任务所必需的各项技能的拥有者，以及为协调各方关系所需要的各方利益的代表者。

（4）团队的行为准则

每个团队应该订出自己的行为准则，最好是制定出书面的有益的团队行为和有害的团队行为的表格，并向全体成员颁布与宣传，以此来规范团队的行为。

团队的行为准则应在成立之初就订出来。并且一旦被确立，就不应轻易更改，否则会引起混乱和不安。明确地为大家所接受的行为准则将对团队成员的行为极具约束力，最遵守规章的成员将最受尊敬、不守规章的人将感受到很强的群体压力。

2. 人员的招聘、配置与考核

在任何一个企业中，人力资源都是最重要的资源，对企业的生存与发展起着决定性的作用。创业企业更是如何，创业企业处于初创阶段，对其员工的素质要求更高。因此，通过合适的渠道招聘到适合创业企业的员工，对员工进行合理的配置，对员工绩效进行考核，就具有特殊重要的意义。

（1）人员的招聘

对于一个创业企业，员工素质的高低，通常是影响其生产经营成败的最终决定因素。面临日益激烈的市场竞争和飞速的知识更新，企业在利用有限的物质资源进行生产方面可作为的空间正在不断缩小，只有人这种活的资源的可利用性还存在着巨大的潜力。

① 企业人员招聘的途径

当创业企业现有人员不足以胜任出现的空缺职位时，企业管理人员就要考虑到企业外部去寻找合适的人选进入企业承担一定的职责。从企业外部聘任人员，主要有以下的一些途径：

熟人介绍

许多企业在招募人员时会利用其现有员工提供的帮助。他们发现，员工将自己的熟人或者朋友介绍到公司来，不仅仅省去了公司寻求其他中介服务的麻烦和由此产生的费用，而且这些介绍来的人员与公司的联系似乎更加紧密。

职业介绍机构

职业介绍机构是专门为企事业单位提供劳动者有关信息，同时也为劳动者提供有关用人单位信息的机构。通常这类机构都存有大量各类应聘人员的信息，以便提供给寻找人员的单位。它们在提供服务的同时收取一定的费用。

猎头公司

猎头公司富有丰富的招聘和测试经验以及相关的人才库，能找到合适的人员，但成本比较高，所以适用于为创业企业选聘有经验的专业人员和管理人员。

大中专院校

大中专院校常常是企业进行外部聘任最直接、最主要的途径。在大中专院校中，企业可以发现潜在的专业技术人员和管理人员，经过企业的培养，他们往往成为企业未来的栋梁。

其他途径

企业进行外部聘任时可利用的其他途径包括自荐者、失业人员、转业军人以及退休人员等等。作为可供选择的劳动力队伍的一部分，企业不应忽视这些潜在的人力资源供给。

② 企业人员招聘的程序

创业企业进行人员招聘与选拔一般要经过制定招聘计划，对外发布信息以及选拔和测试过程，形成最终的招聘决策，并通知候选人。其主要程序为：

a. 制定招聘计划

人员招聘与选拔过程的第一步是制定出招聘计划，也就是要确定所招人员应具备的基本资格和条件；决定创业企业需要招聘人员的数目、招聘区域以及具体用人时间等等。此外还要考虑创业企业的招聘预算并分析企业内部及外部劳动力的供应情况，这些都对人员招聘和选拔工作有着重大的影响。

b. 发布招聘信息

发布招聘信息是指创业企业面向可能应征的人群传递招聘信息以吸引应聘者的过程。为了使相关的人群能够得到企业有关职位空缺的信息，需要利用一定的媒体，在适当的时间、地点，以一定的表现形式向他们进行传输。

c. 选拔与测试

创业企业向一定的人群发布招聘信息以后，吸引应聘者前来竞聘，在众多的候选人中挑选最终合格人员过程就是选拔与测试。经过多年的发展，人员选拔与测试已形成一套科学的、系统的方法。常用的有面试、心理测验、知识测试以及模拟测试等。

d. 人员招聘决策

根据面试及各种测试的结果，创业企业基本上决定了最终录用的人员。一般在通知候选人最后的决定并经过体检过程后，创业企业与录用人员签订劳动合同，然后开始试工，或者经过一段时间培训后上岗开始工作。

（2）人员的配置

人员配置就其内涵是指为了实现创业企业的目标，由具体的管理主体根据人员的特点，运用现代化的科学方法，将人员通过一定的方式，合理地运用到相应的创业企业组织结构中，在组织经营活动过程中实现人与物的有机结合与充分发挥，提高组织的活力与实力，取得最大的经济效益。

① 选贤任能原则

在根据组织结构所确立的职务岗位选配相应人员时，应坚持任人唯贤、选贤任能的原则。选贤任能原则要求我们在选配人员时要以员工自身的条件、素质为出发点，而不要以与领导人的亲疏为出发点。

② 适才适能原则

适才适能原则要求，一方面要根据企业组织中各个职务岗位的性质配置有关人员，即人员的数量和结构要与职位的多寡和类型相适应，人员的素质和能力要与其所担负职责的需要相吻合；另一方面，要按照人员的能力水平及特长分配适当的工作，使每个员工既能胜任现有职务和岗位，又能促进员工发展、充分发挥员工的内在潜力。

③ 群体相容原则

现在企业内部分工细密，协作关系复杂。为使各个环节和岗位及员工分工合理、密切协作，要求各工作群体内部保持较高的相容度。因此，在人力资源配置中，除强调员工与岗位适应外，还要注重群体成员之间的结构合理与心理相容。在搭配时要注意群体成员的年龄结构、智能结构、知识结构、能力结构和素质结构，使各类人员相搭配时能协调相容。

④ 用人所长原则

用人所长原则是指用人的长处，避其短处，使人才能扬长避短，以充分发挥其作用。企业内每个员工的素质不同，而且各具所长、各有所短。所以，在企业人力资源配置时，要坚持扬长避短的原则，着眼于人的长处，用其所长，避其所短，使每个人的优势能力得到充分发挥。

⑤ 协调发展原则

在人力资源配置中，我们既要考虑企业的发展，也要考虑员工的发展。企业在配置人员时，必须注意员工个人在智力、体力、能力、生理、心理、人格等诸方面的全面发展，力求通过合理使用和培养，使员工成为具有现代意识和技能、身心健康的优秀人才，使员工在职业上得到发展。

（3）人员配置的形式

人岗关系型

人岗关系型的人员配置类型主要是通过人员管理过程中的各个环节来保证企业内各部门各岗位的人员质量。它是根据员工与岗位的对应关系进行配置的一种形式。

移动配置型

移动配置型的人员配置类型是一种从员工相对于岗位移动，而在企业内部进行配置的类型。它通过人员相对上下左右岗位的运动来保证企业内的每个岗位人力资源的数量和质量。

流动配置型

流动配置型是一种从员工相对企业岗位的流动，而在企业内外进行配置的类型。它通过人员相对企业的内外流动来保证企业内每个部门与岗位人力资源的数量与质量。

（4）员工的考核

在创业企业，不同的人员在工作能力、工作素质、工作绩效上都有不同。必须把握这种差异性，才能合理地使用员工和对待员工，使员工得到公平的待遇，这就要求做到考核科学化和规范化。

员工考核的内容：大致可以分为德、能、绩、勤四个方面。根据不同的需要，考核时有不同的侧重。所谓德，主要是员工的工作态度和职业道德。所谓能，主要是员工的专业技能，也包括一般能力。所谓绩，即员工的工作成绩，包括岗位上取得的成绩和岗位之外取得的成绩。所谓勤，主要是指员工的工作态度，即处理本职工作的方式，例如事业心、出勤率等。

员工考核的分类：由于考核的目的和方式不同，因此员工考核也分为不同类型，其中比较普遍的有岗位考核、业绩考核、人事考核等。不同的考核在企业管理中具有不同作用。

① 岗位考核

岗位考核是以岗位规范为标准对员工的工作进行考核，是企业中最普遍、应用最多的考核。其目的是了解和评价员工与岗位的结合情况，对人与事的关系进行安排和调整。在岗位考核中，最重要是上岗考核，即员工上岗前按照岗位规范进行的考核，是员工能否上岗的依据。上岗考核的内容包括德、能、绩三个方面。

② 业绩考核

业绩考核是对员工的工作效果进行考察和评估，也是企业常常应用很多的考核方式，其目的是了解员工对于企业的工作贡献，常常与员工的劳动报酬有关。由于工作岗位性质不同，员工贡献形式不同，因此业绩考核也需要不同的方式，其中主要方式有两种。一种是操作性岗位的业绩评估，这种岗位上，工作业绩可以比较直接地通过产品体现出来，因此对于业绩的考核，也就可以通过对于产品数量和质量的考核来进行。另一种是开发性、管理性岗位的业绩评估；在这种岗位上，工作业绩不能直接体现为产品，而体现为某种综合效益。

③ 人事考核

人事考核是对员工能力和素质所进行的综合考核，其目的在于刻画员工的特点，为其更好地发挥特长创造条件。人事考核涉及的内容较多，不仅比岗位考核复杂，而且比业绩考核复杂。人事考核的费用也较大，通常只用在对于特殊人才的考核上，由人事部门专门进行，而不作为企业管理的面上工作来开展。人事考核是企业进行人才开发的重要途径，对企业发展有特殊意义。

（5）人员激励约束机制

激励是对人们行为动机的激发，从而调动人们的积极性，改变人们的活动方式，实现创业企业的目标。任何组织都必须把其成员的行为统一在整体目标之下，因此都必须进行激励。在创业企业中，员工履行岗位职责和实现企业目标的工作积极性，直接影响企业的经营成败果，因此激励工作对企业管理具有极为重要的意义。

① 内部约束

内部约束就是双方当事人的约束，创业企业和人员双方的约束。内部约束包括五个方面。

a. 公司章程约束。人员要为企业工作，必须效忠于企业的章程，公司所有人都必须服务和服从于公司章程，因为章程是企业的“宪法”，对公司每个人都具有约束力。

b. 合同约束。企业与人员间的雇佣关系应通过合同（契约）明确和规范双方的权利、义务。

c. 偏好约束。偏好就是你喜欢的东西，而偏好约束，就是针对人员的偏好不一样，采用不同的偏好约束人的行为，这时候对人员的偏好就要求研究的非常细。

d. 机构约束。就是把企业的董事会建立成真正的能对企业经营和各个方面发挥作用的机构。这样，人员和企业的争论，就变成了人员和董事会的争论，避免了人与人之间的争论。

② 外部约束

a. 法律约束。法律约束就是从法律方面对人员形成约束，通过人员约束机制的相关法律体系，防止人员损害企业的利益的行为。

b. 道德约束。道德约束是由于人都生活在一定的社会环境之中，因而其各种行为都要受到社会环境的制约。任何阶层都应该有自己的职业道德，道德约束是一种无形的、非强制性的约束。

c. 舆论约束。新闻媒体对人员的约束，人员对企业有害的行为，媒体给予曝光，受到舆论的谴责，从而起到约束人员的行为。

d. 社会团体约束。所谓社会团体约束，就是指作为民间团体组织成员，要受到团队组织规章制度的约束。民间团体组织实际上是介于市场约束和道德约束之间的很重要的一种约束。

7.3.2 成长期企业的人力资源管理

1. 创建有效团队

从创业团队建设的角度来看，有效团队的特征具体表现在内部结构特征、外部环境特征、文化特征三个方面。有效团队的内部结构特征。

（1）共同愿景、共同目标与有效的策略

这一特征的具体表现是：团队有一个共同愿景，它说明了团队之所以存在的主观原因；团队有着明确的共同目标，这一目标是共同愿景在客观环境中的具体化，团队成员都了解共同目标实现后对组织的贡献；共同愿景和共同目标也包容了个人愿景与个人目标，充分体现了个人意志与利益。

（2）高素质的成员

其具体表现为：成员具有不同的专业知识、技能和经验；成员不仅有很强的专业技术能力，而且有很好的人际关系；成员不仅善于相互竞争、相互激荡、相互促进，而且善于相互合作、相互帮助、相互学习；团队成员具有很高的觉悟，即公而忘私、先义后利、勇担责任、不断进取的高贵品质。

（3）有效的领导

此特征体现为：团队领导者在知识、智力、素质、能力，尤其是觉悟上要特别突出；领导者在领导风格上既重团队绩效，又重人际关系，能在实现团队目标和满足成员的个人需要之日取得有机的动态协调；领导者乐意与因队成员（队员）分享其领导权，积极地鼓励队员在团队会议中参与讨论、共同决策；领导者能充分调动队员的积极性、主动性、创造性，能把活力与热忱传播到整个团队之中，并长时间保持。

（4）有效的沟通

其具体表现为：团队装备有先进的信息技术系统与通讯网络，拥有有效沟通的物质技术条件；团队拥有全方位的、各种各样的、正式的和非正式的沟通渠道，信息沟通直接有效，层次少，无官僚积习，基本无滞延；团队擅长于运用会议这种沟通形式；团队具有开放、坦诚的沟通气氛。队员在团队会议中能充分沟通意见，愿意倾听、接纳其他队员的意见，并经常能得到回馈。

2. 有效团队的外部环境特征

（1）激励与约束

主要表现：组织拥有对整个团队的行为与成绩及每个团队成员的贡献进行考评的精密体系；为鼓励协作、杜绝内耗，组织的激励约束体系侧重于对整个团队的成绩来实施奖惩，由此来构筑团队成员之间的共同的利害关系；组织常树立团队或团队成员中的正面或负面的典型与榜样，并在整个组织内宣扬或发动学习；组织的激励约束体系常能在团队成员的竞争与合作间寻到辨证的结合点、如鼓励为团队做贡献的竞争等。

（2）指导与支持

主要表现：在团队建设过程中，对于如何选择队员与领导、如何建立外部联系、如何解决冲突、如何形成规范、如何召开团队会议、如何达成共识、如何促进团队成长等问题，有效团队通常都得到了专家的指导；团队能时刻得到关于组织与团队的目标和方向的指导与规范；团队获得的指导与支持来自于组织内外的各个方面，尤其是与之直接相关的部门，其中最具决定性影响的是组织最高领导层的自始至终的明确的言论及行动上的有力支持。

（3）与外界的融洽关系

主要表现：团队与组织内部处于上下道工序的其他集体有着密切而融洽的信息与物质上的联系；团队与组织外的顾客关系融洽，能通过为顾客提供超值服务来赢得顾客的忠诚；团队能建设起必要的与社会各界的密切联系，并树立良好的公共形象；团队能与社会的法律、制度、文化环境融洽相处，尤其是能从文化底蕴中寻求支持；团队在发展过程中不可避免地要碰到来自外界的各种阻力，关键是要把阻力化为融洽的关系，或者更进一步将融洽关系进化为有力的支持。

① 团队精神

团队成员对团队有着强烈的归属感、一体感，团队成员衷心地把自己的前途与团队的命运牢系在一起；团队成员对团队有高度的忠诚；团队成员之间相互协作、相互依存、同舟共济、肝胆相照，整个团队极富凝聚力。

② 活力热忱

团队能提供团队成员挑战自我、个人发展的机会，团队弥漫着活力与热忱；团队内部士气高昂，团队成员不畏艰难。不畏挫折，时刻保持旺盛的斗志；团队在文化氛围上既强调团队精神，又鼓励个人完善与发展，杜绝过于强调团队精神而压制个性的文化倾向，由此激发个人的积极性、主动性、创造性。

③ 处理团队冲突

团队冲突管理就是要通过适当的处理手法，解决团队内人与人、部门与部门之间浮现的各种矛盾。

7.4 创业企业的关键管理因子

1. 标准能力

管理者如果要提高组织的效率，首先要有具体的效率标准作为衡量的依据。标准是用以比较将来、当前和过去行动的准则。确定标准的方法有很多种，管理者可以把组织的许多特征作为效率衡量的标准，包括量的、质的等依据。例如人均产值，产品平均成本以及各种物品购销售价格等等。

表面看来，制定效率标准并非难事，写在纸上似乎就够了。其实不然，制定一个科学的能够体现效率原则的标准并非易事。管理者必须进行深入调查，透过眼前的、明显的事实找出能了解、反映眼前问题的充分信息，并对信息进行深入分析，才能正确估计到他负责监管的所有设备和人员的最大能量，从而制定出符合效率原则的标准。

2. 差距能力

实际工作与标准比较总有一定偏差。如果没有偏差，就不需要管理。正因为有偏差存在，才需要我们去做工作。一个优秀的管理者应当能够及时了解工作的进展，必须敏锐地察觉工作水平同效率标准的差距，以便在它发展成危机前得到改进。

寻找实际工作与标准之间的偏差，若工作有数字标准，找出并确定偏差并不是一个大问题，如产量、利润，但若对一些技术性较少的工作，工作标准不但难以量化，甚至连评定的内容都很难确定，管理者有时就不得不凭直觉和经验来判断，如管理人员的积极性、职工的精神面貌等。一名精明而有远见的主管，有时能够预见到脱离标准的偏差。缺乏这种能力的，则无论如何也应该尽早认识偏差。如果标准制定适当，又有明确地评定下属人员工作的手段，则对实际业绩或预期业绩的评价就相当容易了，就很容易确定偏差的存在与否。另外，管理者通过制定科学的制度可以在一定程度上弥补自身能力的不足。

如果工作明显地偏离原定的各项效率标准，那说明一定有什么问题或哪儿需要改进。管理者应当敏锐地察觉工作水平同具体标准的差距，在把握工作时不要局限于眼前的困难和问题，还应当注意那些较深远、较不明显但今后可能造成严重后果的症状，以便其在发展成危机前得到改进。

3. 纠正偏差

管理者得到发生偏离的信息，认为有必要采取措施来纠正实际结果与标准结果之间的偏差时，必须进行矫正偏差。只要目标和成效之间存在偏差，总是有一定原因，矫正偏差应该从研究出现这种偏差的原因入手。但最先引起管理者注意的，可能往往只是一个症状，而不是问题的实质。有时已获得的事实能提示出真正原因，并能为随后的事实检验所证实。然而有时事实所提示的原因并非根本问题所在，或者管理者设想的原因同事实所提示的相悖。尤其在一系列表面上互不相干但是出于一个根源的迹象发生时，更容易产生这种情况。管理者应仔细考虑各种可能的原因，然后根据已获得的事实，确定哪一个是真正的原因。只有找出偏差的原因，才有助于确定适当地矫正行动，否则很可能南辕北辙，事倍功半。

如销售额未达到预定值，原因可能是计划阶段估计前提条件时出错，预测值过分乐观、可能是经理人员销售计划或销售目标不正确，也可能是员工销售方式处理不当或者市场对产品的接受度发生了变化，还可能是竞争对手改变销售策略，等等。管理者如果要对销售额未达到预定值这一症结进行纠偏，就必须先找出问题的实质原因，再据此进行纠偏，如主管人员可以重新制订计划或调整他们的目标来纠偏。他们也可以运用组织职能重新委派职务或明确职责，以此纠偏。他们还可以采用增加人员，更妥善地选拔和培训下属人员，或是采用最终解雇、重新配备人员等办法来纠偏。

【例子】

三鹿集团婴幼儿奶粉事件

从三鹿事件爆发到新闻发布会召开的两个月的时间里，三鹿原奶的事业部、销售部、传媒部各自分工，试图通过产品调换、加大品牌宣传等手段换取公众的信任，并且三鹿集团的负责人接连几次向公众郑重承诺三鹿的产品没有任何问题。

在随后的调查中，三鹿集团更是将责任推给了“不法奶农”，这种自相矛盾的说法显然不能给公众一个满意的答复。直至在最后的新闻发布会上承认三鹿奶粉存在问题，并且宣读了一份至社会各界人士及广大消费者的道歉书。但是致歉书的内容仍然过分强调外部原因，没有对自己的内部问题进行深刻反省。

案例来源：《论企业管理者的重要性》——潘梦婷

归结起来，管理者应具有：

（1）应能全面而准确地制定效率的标准的能力；

（2）对工作水平与标准之间的差距的敏锐洞察的能力；

（3）管理人员应有纠正偏差的能力。

4. 公司治理

公司治理，从广义角度理解，是研究企业权力安排的一门科学。从狭义角度上理解，是居于企业所有权层次，研究如何授权给职业经理人并针对职业经理人履行职务行为行使监管职能的科学。

基于经济学专业立场，企业有两个权：所有权和经营权，二者是分离的。企业管理是建构在企业“经营权层次”上的一门科学，讲究的就是企业所有权人向经营权人授权，经营权人在获得授权的情形下，以实现经营目标而采取一切经营手段的行为。与此相对应的，公司治理则是建构在企业“所有权层次”上的一门科学，讲究的是科学的向职业经理人授权，科学的向职业经理人进行监管。

【案例分享】

团队的力量

扎克伯格谈团队：一开始我在编网站，我写了第一个版本，其实我们从来没有第二版本。在上一个学年的大部分时间里，我大部分时间都用在扩大网站规模，以应对不断增长的访问量，以便于继续扩大覆盖范围，加入更多的学校，还有构建网络基础设施之类的。

后来，我们抓住时机雇佣了一些很有天分的人。去年大部分时间我们还都是围在我的餐桌旁工作，很有趣。我记得在二月的时候，我们有了自己的办公室，所有人都转移那里工作，很有意思。平生第一次，当我抬起头，看到一队高智商的工程师在为我工作，用不同于以往的方式创造新产品。我觉得很自豪。

当时是我和室友 Dustin 以及其他一些人，坐下来一步步进行一个项目，完成它，然后再设计下一个项目。我们各干各的，很少向他人寻求帮助，但我们都试图找到一种方法去改变着这种状况，尤其当你就是正在写程序的人之一时，也就是说，假如我们有八个天才，怎样能使他们工作得最高效呢。比如摒弃连续作业的模式，这并不是说一个人在这开发一个高中产品，那个人在建相册，还有一个人在进行下周要推广的项目。而是，怎样能最大限度地发挥他们的聪明才智。这是个有趣的问题，但我不能传授给你们什么诀窍，因为我也还要摸索几年。

但我觉得 Jim（Jim Breyer，Facebook 的投资人）在如何调动人与人之间的力量方面很有见解。人员管理和做公司的 CEO 与做室友很不一样，真正做一件事和设想一件事也非常不同。也许有一天公司规模会发展到上千人。他们都是退学跑到加州来为你工作，计划赶不上变化。

我想你得站在一个更高的角度去设想未来的前景，你得有一个研发团队，他们可以一起开发你正在开发的产品，然后你就需要一个财务部，或是其他什么你以前觉得根本不需要的东西。比如去运营一个网站，使设施运转起来，来维持一个二三十的开发团队，有了人手之后，你就要去监督他们的工作，但不能过分控制他们。他们都是很聪明的人，我们雇佣他们是因为他们有着绝佳的点子以及独立研发的能力，但你还要保证这些点子和产品与标准相符，或是在产品和研发方面都很出色，有点异想天开吧。

前瞻网——Facebook 创始人扎克伯格谈团队管理：做公司的 CEO 与做室友很不一样

【思考题】

一个创业团队都需要哪些成员，他们的作用分别是什么？

8　互联网创业企业管理之运营管理

本章重难点

【本章重点】

法约尔的14条管理原则：劳动分工原则、权力与责任原则、纪律原则、统一指挥原则、统一领导原则、个人利益服从整体利益、人员报酬原则、集中原则、等级制度原则、秩序原则、公平原则、人员的稳定原则、首创精神、团队精神。

初创期企业营销主要着重于改善、扭转性营销、刺激性营销以及开发性、引导性营销。

成长期企业的管理原则：准确判定可行性、管理者明确定位、专注少数真正重要的、利用优点、相互信任、正面思维。

成长期企业的营销方式主要有同步性、调节性营销，恢复性营销，维持性营销，降低性营销，反击性营销。

企业运营管理之中有五大职能有机联系的一个循环往复过程，它们分别是：财务会计、技术、生产运营、市场营销和人力资源管理。

企业运营模式主要靠五个方面协调发展：行政管理层面、销售层面、生产层面、技术层面、资金管理层面。

企业在寻找目标市场的时候，必须考虑的因素：市场规模以及发展潜力、市场的竞争现状、目标及资源。

【本章难点】

差异化战略需要在企业就客户广泛关注的一些方面在行业内独树一帜，或者在成本差距难以进一步扩大的情况下，生产出比竞争对手功能更强、质量更优、服务更好的产品来体现其差异性。

聚焦战略指的是企业集中力量于某几个细分市场，主攻某个特殊的顾客群、产品系列的一部分或者某个地区市场，而不是在整个产业或者整个市场范围内全面出击。

对特定行业和外部市场的现状及趋势调查和分析的方法:PEST方法、SWOT方法、五力模型。

市场定位产品差异分析表。

竞争产品对比分析表。

8.1 创业企业的管理原则

8.1.1 初创期企业的管理原则

初创期的企业往往会出现资金短缺、人才匮乏、业务开拓吃力等等问题，所以初创期的企业对销售收入、现金流的渴望高于一切，在这一阶段，规范化、流程化、科学化，以及各种与管理相关的话题都显得不那么重要；在这一时期，企业唯一的重点就是把握住一切机会，能够尽快地积累第一桶金，让自己活下来。

在这里我们向大家介绍一个人，管理过程学派的创始人——亨利·法约尔，法约尔的管理原理具有极强的系统性和理论性，经过多年的研究和实验证明，虽然有利有弊，但总体上是正确的。下面我们来看看法约尔的14条管理原则对初创期企业管理的影响和建议。

法约尔的14条管理原则:

1. 劳动分工原则（Division of Work）

法约尔认为，劳动分工属于自然规律。劳动分工不只适用于技术工作，而且也适用于管理工作。应该通过分工来提高管理工作的效率。但是，法约尔又认为:“劳动分工有一定的限度，经验与尺度感告诉我们不应超越这些限度。”

初创企业的劳动分工合理而有效率是管理者不得不重视的方面，因为初创企业的核心员工较少，员工的工作积极性和工作效率都需要有一个合理的目标，才能使企业竞争力在创业初期有明显的上升。

2. 权力与责任原则（Authority and Responsibilities）

有权力的地方，就有责任。责任是权力的孪生物，是权力的当然结果和必要补充。这就是著名的权力与责任相符的原则。法约尔认为，要贯彻权力与责任相符的原则，就应该有有效的奖励和惩罚制度，即“应该鼓励有益的行动而制止与其相反行动”。实际上，这就是现在我们讲的权、责、利相结合的原则。

没有规矩，不成方圆。初创企业的管理过程中，必然有权力的下放与权力的集中，权力带来的责任通过奖惩制度来保证，是初创企业平稳运行的砝码。

3. 纪律原则（Discipline）

法约尔认为纪律应包括两个方面，即企业与下属人员之间的协定和人们对这个协定的态度及其对协定遵守的情况。法约尔认为纪律是一个企业兴旺发达的关键，没有纪律，任何一个企业都不能兴旺繁荣。他认为制定和维持纪律最有效的办法是：① 各级好的领导；② 尽可能明确而又公平的协定；③ 合理执行惩罚。

初创企业的纪律原则，是保障企业安全的重要筹码，行动力强、敢闯敢冲的猛将型管理者运用严谨的纪律原则规范员工行为是企业下一步发展的前提。

4. 统一指挥原则（Unity of Command）

统一指挥是一个重要的管理原则，按照这个原则的要求，一个下级人员只能接受一个上级的命令。如果两个领导人同时对同一个人或同一件事行使他们的权力，就会出现混乱。在任何情况下，都不会有适应双重指挥的社会组织。与统一指挥原则有关的还有下一个原则，即统一领导原则。

初创企业很有可能是几个志同道合的人创业形成，但是在实际的工作中，必须有一个完善的指挥系统，保障命令的准确性。

5. 统一领导原则（Unity of Direction）

“对于力求达到同一目的的全部活动，只能有一个领导人和一项计划。人类社会和动物界一样，一个身体有两个脑袋，就是个怪物，就难以生存。”统一领导原则是组织机构设置的问题，即在设置组织机构的时候，一个下级不能有两个直接上级。

统一的组织机构使初创企业有一个工作指挥的中心，当所有的员工有着一样的目标时，才能使企业利益最大化。

6. 个人利益服从整体利益的原则（Subordination of Individual Interest to the General Interest）

对于这个原则，法约尔认为这是一些人们都十分明白清楚的原则，但是，往往“无知、贪婪、自私、懒惰以及人类的一切冲动总是使人为了个人利益而忘掉整体利益”。为了能坚持这个原则，法约尔认为，成功的办法是：“领导人的坚定性和好的榜样；尽可能签订公平的协定；认真的监督。”

在当今社会的发展过程中，个人利益与整体利益难免发生冲突，如何合理地解决冲突以及如何树立员工积极的利益观是初创企业面临的难题。

7. 人员的报酬原则（Remuneration）

法约尔认为，人员的报酬首先要考虑的是维持职工的最低生活消费和企业的基本经营状况，在此基础上，再考虑根据职工的劳动贡献来决定采用适当的报酬方式。任何的报酬方式，都应该能做到以下几点：① 它能保证报酬公平；② 它能奖励有益的努力和激发热情；③ 它不应导致超过合理限度的过多的报酬。

对于普通的初创企业可能没有办法给员工提供很高的报酬，但在报酬分配上一定要做到公平公正，激发员工的努力和热情。

8. 集中的原则（Centralization or Decentralization）

法约尔的观点是，组织的权力集中或分散的问题是一个简单的尺度问题，问题在于找到适合于该企业的最适度。提高部下作用的重要性的做法就是分散，降低这种作用的重要性的做法则是集中。

权力的集中与分散对于一个初创企业来说是管理者需要做好定位的方面，全力是集中还是分散会决定初创企业的发展方向。如果领导人的才能、精力、智慧、经验等允许他扩大活动范围，他则可以大大加强集中，把其助手作用降低为普通执行人的作用。相反，如果他愿意一方面保留全面领导的特权，一方面更多地采用协作者的经验、意见和建议，那么可以实行广泛的权力分散。

9. 等级制度原则（Scalar Chain/Line of Authority）

等级制度就是从最高权力机构到低层管理人员的领导系列。

实行等级制度原则就是要在组织中建立这样一个不中断的等级链，这个等级链有两个方面：一是它表明了组织中各个环节之间的权力关系，明确谁可以对谁下指令，谁应该对谁负责；二是这个等级链表明了组织中信息传递的路线，即在一个正式组织中，信息是按照组织的等级系列来传递的。

信息传递是初创企业发展的一部分，要想快速地发展，初创企业必须能保证有效清晰的信息传递。贯彻等级制度原则，有利于初创企业加强统一指挥原则，保证组织内信息联系的畅通。但是，如果过于严格地按照等级系列进行信息的沟通，则可能由于信息沟通的路线太长而使得信息联系的时间长，同时容易造成信息在传递的过程中失真。

10. 秩序原则（Order）

法约尔所指的秩序原则包括物品的秩序原则和人的社会秩序原则。关于物品的秩序原则，他认为，每一件物品都有一个最适合它存放的地方，坚持物品的秩序原则就是要使每一件物品都在它应该放的地方。贯彻物品的秩序原则就是要使每件物品都在它应该放的位置上。

关于人的社会秩序原则，我们知道每个人都有自己的优势和劣势，社会秩序原则就是要确定每个人最适合的能力发挥的工作岗位，然后使每个人都在最能使自己的能力得到发挥的岗位上工作。贯彻社会的秩序原则，首先要对企业的社会需要与资源有确切的了解，并保持两者之间经常的平衡。

初创企业管理过程中管理者和被管理者都应该明确自己的定位，了解自己、了解企业需求才能用高的契合度工作。

11. 公平原则（Equity）

公平是公道加善意，在管理中要贯彻“公平”原则。所谓“公平”原则就是“公道”原则加上善意地对待职工。当然，在贯彻“公平”原则时，还要求管理者不能“忽视任何原则，不忘掉总体利益”。

公平是每一个企业的原则，更是初创企业必须重视的原则，树立公平的规章制度可以增强员工的归属感和依赖性。

12. 人员的稳定原则（Stability of Tenure of Personnel）

法约尔认为，要使一个人的能力得到充分的发挥，就要使他在一个工作岗位上相对稳定地工作一段时间，拥有一段熟悉自己工作的时间，了解自己的工作环境，并取得别人对自己的信任。人员的稳定是相对的，而人员的流动是绝对的，年老、疾病、退休、死亡等都会造成企业中人员的流动。因此，对于企业来说，就要掌握人员的稳定和流动的合适的度，以利于企业中成员能力得到充分的发挥。

初期创业的企业对人才的依赖性较强，在初创期企业追求稳定发展就必须保证人员相对稳定稳定，这也需要管理者从各个方面取得员工的信任。

13. 首创精神（Initiative）

法约尔曾经说过，“想出一个计划并保证其成功是一个聪明人最大的快乐之一，这也是人类活动最有力的刺激物之一。这种发明与执行的可能性就是人们所说的首创精神。建议与执行的自主性也都属于首创精神。”

人实现自我需求的满足感是激励人们的热情积极工作最有力的刺激因素。

近几年来大众创业万众创新一直是中国的号召，而初创企业在建立之初就是因为首创精神而来，在前期发展中更离不开首创的精神。领导者需要极有分寸地，并要有某种勇气来激发和支持大家的首创精神。

14. 团队精神（Esprit de Corps）

人们往往由于管理能力的不足，或者由于自私自利，或者由于追求个人的利益等而忘记了组织的团结。

团队是为了实现同一个目标而集合起来的团体，心往一处想，劲往一处使是初创企业快速壮大的必要途径。管理者需要确保并提高劳动者在工作场所的士气，培养个人和集体积极的工作态度。

8.1.2 成长期企业的管理原则

成长期企业在提升现有员工的能力与素质的基础上，需要引进那些有过大型企业从业经历或较高素质的管理者，并逐步规范员工行为及完善内部管理，渐渐去除初创期的草莽式行为。对成长期的企业而言，最好的管理者是既有行动力更有章法和规范的智慧型管理者，而不仅是行动力强的猛将型管理者重要的是管理者会主动思考如何行动、如何更规范有效的行动。

成长期企业的管理原则

1. 准确判定可行性

检验管理的试金石是：是否达到了目标，是否完成了任务。当然，这个原则并不是在所有情况下都会适用，只有在不那么容易取得成果的情况下，这个原则是必要的，有效的。

2. 管理者明确定位

管理者应该理解自己的任务，不应该从自己的职位出发，而应该着眼于如何运用源于职位的知识、能力和经验来为整体效力。是看重职位还是看重贡献？不但能够判断出一个人是否是真正的管理者，还可以知道他对“管理”的理解程度的深浅。

【例子】

俞敏洪

明确定位——从包产到户到雄心壮志

我喜欢跟一批人干活，不喜欢一个人干。

创业初期，环顾周围的老师和工作人员，能够成为我的合作者的几乎没有，看来合作者只能是我大学的同学。我就到美国去了，跟他们聊天，刚开始他们都不愿意回来。当时王强在贝尔实验室工作，年薪 8 万美金，他一个问题就把我问住了："老俞，我现在相当于60万人民币，回去了你能给我开60万人民币的工资吗？另外你给我60万，跟在美国赚的钱一样，我值得回去吗？"当时新东方一年的利润也就是一百多万，全给他是不太可能的。

俞敏洪认为，公司发展时期的三大内涵：第一是治理结构，公司发展的时候一定要有良好的治理结构；第二是要进行品牌建设，品牌建设不到位的话，公司是不可能持续发展的；第三是利益分配机制一定要弄清楚，到第三步不进行分配是不可能的，人才越聚越多，怎么不进行分配呢。

正是俞敏洪对企业的明确定位成就了多年以后人么耳熟能详的新东方教育集团。

案例来源：在慧致天诚举办的"改变企业命运的商业模式公开课"上，新东方教育科技集团创始人兼董事长俞敏洪对企业定位的看法

3. 专注少数真正重要的

许多管理者和管理著作似乎热衷于寻找所谓的什么"秘密"，其实这是一种冒险的行为。倘若真的有什么秘方，那专注要点应该首当其冲。在管理中，精力分散、日理万机往往被视为一种有干劲和有效率的表现，但从反方面说明，具备专注要点的能力、技巧和纪律性，就是效率很高的典型表现。专注要点的关键在于专注少数真正重要的东西。

4. 利用优点

"利用优点"是指利用"现有"的优点，而不是那些需要重新建立和开发的优点，关键在于利用，而不是去克服什么"弱点"。但现实中的很多管理者总是致力于与之相反的方面：一方面致力于开发新的优点，而不是发挥现有的优点；另一方面是忙于克服弱点，而不是发挥优点。如果是这样，即使管理方法很有技巧，看上去也很科学，但造成的管理失误却是无法弥补的。

5. 相互信任

只要管理者能够赢得周围其他人的信任，包括下属和同事，那他管理的部门或组织的工作气氛总是和谐的，或者说企业文化总是健康的。但如果缺乏信

任基础，为树立企业文化和激励下属所做的努力都是没用的，甚至会起到反作用。

6. 正面思维

正面思维的关键在于用正确的或创造性的方式思考，正面思维的原则能让管理者把注意力放在机会上。相当一部分人将管理者看做是解决问题的人。发现和抓住机会要比解决问题更加重要，即使一个部门或组织的所有问题都得到了解决，也远远没有意味着这个部门或组织抓住了它可以利用的机会。

8.2 企业战略的选择

一个企业之所以要制定战略，是因为企业的资源与能力是有限的，由于其能力等原因的不足，鱼与熊掌往往不可兼得。企业战略选择是以市场为主导的，在考量了市场的种种因素之后，基于自身才能选择合适的战略。

差异化战略被认为是将公司提供的产品或者服务差异化，形成一些在全产业范围中具有独特性的东西。差异化战略需要在企业就客户广泛关注的一些方面在行业内独树一帜，或者在成本差距难以进一步扩大的情况下，生产出比竞争对手功能更强、质量更优、服务更好的产品来体现其差异性。实现差异化战略可以有很多方式：设计或品牌形象、技术特点、外观特点、客户服务、经销网络及其他方面的独特性。最理想的状况是公司使得以上的几个方面都产生差异性。如果差异化战略能够成功地被实施，就意味着企业在该行业中将会赢得高水平收益，但是波特认为，推行差异化战略有时会与争取占有更大的市场份额的活动相矛盾。这一战略与提高市场份额两者不可兼顾，在建立公司差异化战略的活动之中总是伴随着很高的成本代价，有时即使全产业范围内的顾客都了解到公司的独特优点，但也并不是所有的顾客都愿意或者有能力支付公司要求的高价格。但是一旦差异化战略取得成功，就会出现如下四个优点：

① 形成进入障碍。由于产品的特色，顾客往往会对该产品过着服务产生很高的忠实程度，从而该产品或者服务会具有强有力的进入障碍，潜在的竞争者想要进入这个行业与该企业竞争，就需要克服其独特性。

② 降低客户的敏感程度。由于产品的差异性，导致相同产品的竞争对手少，顾客对于该产品或者服务产生了一定程度的忠实性，当产品价格发生变化时，顾客对价格的敏感程度不高，生产该产品的企业就可以运用其产品的差异性，

在行业竞争之中形成一个隔离带，降低竞争者的伤害。

③ 增强计价还价的能力。产品差异化战略可以为企业带来较高的边际收益，降低企业的总成本，增加企业对供应者讨价还价的能力，同时，购买者在别无他选的情况下，对价格的敏感程度又降低，企业可以运用这一战略削弱购买者讨价还价的能力。

④ 防止替代品的威胁。企业产品实行差异化战略能够取得成功的前提在于该产品的差异性往往很难被复制，所以企业的产品往往会获得顾客的信任，在同类产品之中的竞争将会更具优势。

聚焦战略指的是企业集中力量于某几个细分市场，主攻某个特殊的顾客群、产品系列的一部分或者某个地区市场，而不是在整个产业或者整个市场范围内全面出击。

由于一个企业拥有的资源、时间等条件的限制，企业往往很难在市场之中全面的展开自己的业务，聚焦战略可以使企业以更高效率、更有特色的产品和服务满足某一特定的战略对象需要，以便于在狭窄的市场范围内实现低成本、差异化或者两者兼行的竞争优势，是目前市场上最好的营销战略之一。

除了以上两种以外，三种通用战略中还剩下最为清楚明了的低成本战略。在这种战略指导下，企业往往会成为所在产业中实现低成本生产的厂家。企业经营范围广泛，为多个产业部门服务甚至可能经营属于其他关于产业的生意，成本优势举足轻重。

成本优势的来源因其产业结构的不同而异，其中包括追求规模经济、专利技术、原材料的优惠等等，有的企业会选择纵向一体化，即沿着产业链向前或者向后开展新的产业，占领新的环节。

如果一个企业能够取得并保持全面成本领先地位，那么只要将产品定价等于或者接近该产业的平均价格水平就会获得比其他企业更高的利润。然而，一个在成本上占领领先地位的企业不能忽视使产品别具一格的基础，一旦成本领先的企业生产的产品被客户认为与其他产品在质量等方面有一定差距，那么企业的竞争力就会下降，甚至不得不降低产品的价格。尽管一个成本领先的企业是以来其成本上的领先地位来取得竞争优势的，而它要成为经济效益高于平均水平的超群者，则必须与其他竞争厂商相比，在产品别具一格的基础上取得的价值相等或者价值近似的有利地位。

以上就是三种常见的战略，企业应该根据自己掌握的资源以及自身在竞争市场上的定位酌情选择合适的发展战略。

8.3 企业的运营模式

创业公司在初期招募员工吸引投资时，为自身未来的发展规划了宏伟蓝图，但是仅仅只以目标为导向而没有良好的运营模式来维持稳定运行，又怎么能持续的发展呢?

企业经营过程中的计划、组织、实施和控制，与产品生产和服务创造密切相关的各项管理工作，即企业的运营模式。运营过程就是劳动过程或者价值增值的过程，是一个投入、转换、产出的过程，也可以是对生产和提供公司主要的产品和服务的系统进行设计、运行、评价和改进的过程。

财务基础风险中有五个环节循环，同样，企业运营管理之中也有五大只能有机联系的一个循环往复过程，它们分别是：财务会计、技术、生产运营、市场营销和人力资源管理。

运营管理对象是运营过程和运营系统。现代运营管理所涵盖的范围越来越大，已从传统的制造业企业扩大到非制造业。其研究内容也不再仅仅局限于生产过程的计划、组织与控制，而是扩大到包括运营战略的制定、运营系统的设计以及运营系统运行等多个层次的内容。将运营战略、新产品开发、产品设计、采购供应、生产制造、产品配送直到售后服务看做是一条完整的“价值链”，对其进行集成管理。

如今大多数的企业内部运营模式都具有相似的特点，趋同性说明这种结构模式具有一定的存在优势，所以以下的讨论基本以现有的大部分公司采取的模式进行。

从结构上，主要分为五个方面：行政管理层面（主要职责是企业的规划、决策、管理、监督、考核、员工聘用以及任免等人事处理、公关及企业形象管理、企业精神和文化建设）、销售层面（产品销售以及推广、情报收集、形象推广、产品监测、库存管理、用户服务）、生产层面（“核心”，设备与原料的采购、使用及管理，生产组织、管理，生产人员的管理考核，库存管理、质检等等）、技术层面（为生产以及销售提供技术支持及保障、技术创新及新产品开发、生产过程以及生产产品的质检、技术人员的培训）、资金管理层面（资金使用的管理、监督、指导、考核、预警、融资及引资）。

企业运营模式主要依靠以上五个方面的协调发展，这种运营模式具有相对完整的基本经济社会结构，具有典型的计划经济特征。其需求具有单向性（不可选择性）和相互依赖性特征，各环节之间的连接十分地紧密。在交易过程之中，该运营模式又具有高度的透明性与开放性，各环节、各部门、各方面都要对于现有的信息进行整合、分析、共享。同时，该种运营模式又具有较强的针对性和快速灵活性，可以根据需要快速的调整生产和人员安排，改变生产模式，对于市场的变化可以做出积极的反应。

选择了合适的运营模式之后，企业下一个制定的就是企业的财务的利润应该怎样完成。

财务的盈利模式可以分为以下两种：财务管理利润。企业不仅仅可以通过自己的营业赚取业务利润，还能通过管理创造利润，如通过整体结构的运行来降低企业所带来的潜在成本等等。在财务管理之中，适当地降低成本就相当于间接的增加了企业的利润；资本利润。企业通过资产重组、并购等资本的运作来形成企业利润。在某种程度上，财务管理的重要性甚至使得它将决定企业的成败兴衰。

财务利润通常是通过权责发生制进行计算的，其收入与指出要考虑其收益期，不同期间的收入支出归属不同的时期算出利润，而不是用收付实现制来计算现金流量。

如果将企业比作是军队，那么良好的运营模式意味着军队拥有了好的编制，财务利润即军队粮草，从哪获得粮草，以及用什么样的方式合理获得，这些都是企业家需要严肃考虑的问题。

8.4 互联网创业目标市场选择

8.4.1 行业及市场分析

对于企业来说，如何在市场中取得一定的市场份额，首先要做的就是分析市场。分析市场环境的任务就是对于外部环境的众多因素进行研究调查，明确其现状以及今后的发展趋势，从中找出对于企业发展有利的机会以及不利的威胁，根据企业的现状做出相应的反应，规避风险。

市场营销环境通常被分为微观营销环境以及宏观营销环境。微观营销环境往往以企业为中心，与企业发展有关的因素都是需要考虑的，例如竞争者的数量以及实力、客户的需求、供应商的需求、公众形象，等等。而宏观营销环境则是以现在的社会环境为主，考虑现有政策、人口现状、经济、自然、科技等宏观因素。

了解现在的市场营销情况之后，企业可以对于现有状况进行分析，例如人口出生率的不断上升提醒企业可以发展母婴产品，该市场将有利可图，而市场的范围又是相当广的，所以这时需要企业进行市场细分。

地理细分。不同地区的人在生活方式等多种方面表现出不一致，企业在进行市场细分的时候，可以通过简单的地理细分，不同的区域使用不同的营销方案，制定不同的发展策略。

文化细分。消费者由于受教育的水平、宗教信仰、职业、收入等因素的不一样，其思维方式往往也有一定的区别。例如老年人与年轻人在选择服装和食品的时候通常会有截然不同的选择，企业可以通过年龄层将市场分为老年人市场以及青少年市场等等。

个人心理细分。社会阶层以及生活方式的不同，消费者会产生不同的购买行为，年轻人由于受到美国思想文化的熏陶，渴望个性化，彰显自己的不同，中年人由于其经历而追求平稳朴实等等。

行为细分。消费者会根据自己对于产品的了解及尝试形成相应的消费群体，在之后选择其他商品的时候往往会选择同类商品或者是同品牌商品。

根据以上四个因素，企业可以根据自己的发展现状以及发展目标选择适合自己的细分市场的方式，而细分市场就必须对于市场有详细的了解才行。

行业及市场分析主要是创业者对特定行业和外部市场的现状及趋势调查和分析。在这里重点介绍以下几种方法。

1. PEST 分析法：战略外部环境分析

PEST 分析法是战略外部环境分析的基本工具，它通过政治的（Politics）、经济的（Economic）、社会的（Society）和技术的（Technology）角度或四个方面的因素分析从总体上把握宏观环境，并评价这些因素对企业战略目标和战略制定的影响。

（1）PEST 分析法具体说明（见表 3-4）及理论框架（见图 3-2）如下。

（2）PEST 分析法使用说明

PEST 分析通常用于企业外部环境分析，通常采用矩阵式的方法，即坐标分成四个象限。以政治和经济两个坐标为例，政治环境和经济环境都好的情况下，就应该发展；两者都不理想的情况下，就不能发展。环境一好一坏时，就要适当考虑，可以发展也可以不发展。

表 3-4 PEST 分析法具体释义

主要因素	定义	具体考察
政治法律环境	指对组织经营活动具有实际与潜在影响的政治力量和有关的法律、法规等因素。包括政治体制、政府稳定性、产业政策、相关法律法规、外交关系等方面	具体的影响因素主要有：1、企业和政府之间的关系；2、环境保护法；3、外交状况；4、产业政策；5、专利法；6、政府财政支出；7、政府换届；8、政府预算；9、政府其他法规等 对企业战略有重要意义的政治和法律变量有：1、政府管制；2、特种关税；3、专利数量；4、政府采购规模和政策；5、进出口限制；6、税法的修改；7、专利法的修改；8、劳动保护法的修改；9、公司法和合同法的修改；10、财政与货币政策等
经济环境	指一个国家的经济制度、经济结构、产业布局、资源状况、经济发展水平以及未来的经济走势等。	企业应重视的经济变量如下：① 经济形态；② 可支配收入水平；③ 利率规模经济；④ 消费模式；⑤ 政府预算赤字；⑥ 劳动生产率水平；⑦ 股票市场趋势；⑧ 地区之间的收入和消费习惯差别；⑨ 劳动力及资本输出；⑩ 财政政策；⑪ 贷款的难易程度；⑫ 居民的消费倾向；⑬ 通货膨胀率；⑭ 货币市场模式；⑮ 国民生产总值变化趋势；⑯ 就业状况；⑰ 汇率；⑱ 价格变动；⑲ 税率；⑳ 货币政策等
社会文化及自然环境	指组织所在社会中成员的民族特征、文化传统、价值观念、宗教信仰、教育水平以及风俗习惯等因素。人口因素对企业战略制定有重大影响。	值得企业注意的社会文化因素如下：① 企业或行业的特殊利益集团；② 对政府的信任程度；③ 对退休的态度；④ 社会责任感；⑤ 对经商的态度；⑥ 对售后服务的态度；⑦ 生活方式；⑧ 公众道德观念；⑨ 对环境污染的态度；⑩ 收入差距；⑪ 购买习惯；⑫ 对休闲的态度等
技术环境	技术要素不仅包括引起革命性变化的发明，还包括与企业生产有关的新技术、新工艺、新材料的出现和发展趋势以及应用前景。	企业应重点考察：① 科技水平及发展趋势；② 科研能力；③ 科技政策与机制；④ 专利及其保护情况；⑤ 产品生命周期；

PEST 分析其信息收集是长期的、艰苦的。政府工作报告、行业协会的数据、专业论坛的观点、法律法规的变动……对于任何企业，PEST 中的某一项或者几项影响较大，所以要抓住重点，对一个或者几个方面深入分析，其他则可一概而过。

2. SWOT 分析法：战略规划和竞争分析

SWOT 模型分析法是一种企业战略评估分析工具，通过对企业内外部条件的综合分析，识别和测试企业发展所具有的优势（Strength）和劣势（Weakness）以及存在的机遇（Opportunity）和威胁（Threats），从中识别必要的资源，将企业战略确立在优势发挥和劣势的消除的基础之上，形成不同的战略匹配。

SWOT 分析法（自我诊断法）是一种能够客观而准确地分析和研究一个单位现实情况的方法。利用这种方法可以从中找出对自己有利的、值得发扬的因素，以及对自己不利的、如何去避免的东西，发现存在的问题，找出解决办法，明确以后的发展方向。根据这个分析，可以将问题按轻重缓急分类，明确哪些是目前急需解决的问题，哪些是可以稍微拖后一点的事情，哪些属于战略上的障碍，哪些属于战术上的问题。它很有针对性，有利于领导者和管理者在单位的发展商做出较正确的决策和规划。

SWOT 分析是把企业内外环境所形成的机会（Opportunities）、威胁（Threats）、优势（Strengths）、劣势（Weaknesses）等四个方面的情况，结合起来进行分析，以寻找制订适合项目实际情况的经营战略和策略的方法。在经营活动中，企业或项目的负责人要经常地运用 SWOT 分析法明确下列问题：我们的客户是谁？在哪里？产品是什么？应该提供什么样的服务？如何应付市场上不断出现的变化？存在哪些威胁和竞争对手？会发生什么样的竞争？如何扬长避短地取得竞争的优势？怎样的改善自己？分析和明确这些问题的过程也是不断完善经营和竞争策略的过程。为企业的发展能与壮大提供战略性指导。

3. 五力模型：行业竞争战略分析

五力分析模型是迈克尔·波特（Michael Porter）于 80 年代初提出，对企业战略制定产生全球性的深远影响。用于竞争战略的分析，可以有效地分析客户的竞争环境。五力分别是：供应商的讨价还价能力、购买者的讨价还价能力、潜在竞争者进入的能力、替代品的替代能力、行业内竞争者现在的竞争能力。五种力量的不同组合变化 最终影响行业利润潜力变化。波特五力分析模型详解：五种力量模型将大量不同的因素汇集在一个简便的模型中，以此分析一个行业的基本竞争态势。五种力量模型确定了竞争的五种主要来源，即供应商和购买者的讨价还价能力，潜在进入者的威胁，替代品的威胁，以及最后一点，来自目前在同一行业的公司间的竞争。一种可行战略的提出首先应该包括确认并评价这五种力量，不同力量的特性和重要性因行业和公司的不同而变化。

4. 市场营销调研分析

营销调研是指系统地、客观地收集、整理和分析市场营销活动的各种资料或数据，用以帮助营销管理人员制定有效的市场营销决策。这里所谓“系统”（Systematic）指的是对市场营销调研必须有周密的计划和安排，使调研工作有条理地开展下去。“客观”（objective）指对所有信息资料，调研人员必须以公正和中立的态度进行记录、整理和分析处理，应尽量减少偏见和错误。“帮助”（Help）指调研所得的信息以及根据信息分析后所得出的结论，只能作为市场营销管理人员制定决策的参考，而不能代替他们去作出决策。

市场营销调研的作用：

（1）有利于制定科学的营销规划；

（2）有利于优化营销组合；

（3）有利于开拓新的市场。

市场营销调研的分类：

（1）按调研时间分：一次性调研、定期性调研、经常性调研、临时性调研；

（2）按调研目的分：探测性调研、描述性调研、因果关系调研。

5. 市场总量趋势调研分析

中国互联网产业的增长活力，主要体现在两个方面：一是在基础设施建设和普及上，移动互联网和宽带网络双双发力，成为互联网产业发展的新引擎。移动用户快速增加，手机上网比例已经超过台式电脑上网比例，宽带普及提速工程正式启动，宽带价格进一步下降，为应用的繁荣夯实了基础；二是在商业模式探索和应用推广上，电子商务、网上支付、即时通讯、社交网络等各领域迅猛发展，促使以互联网为引领的信息消费成为中国扩大内需的新引擎。云计算、互联网、大数据是目前的 IT 新的产业和增长点。云计算成功的走向了商业化，这主要是在互联网领域里面体现出来的，很多互联网的企业的实践已经成熟的为用户提供了非常好的基于云计算的服务。互联网公司，IT 企业以及三大运营商，IDC 等，纷纷推出云计算应用解决方案，构成了中国云计算服务的几大阵营。

6. 行业销售数据分析与预测

（1）按周、月、季度、年的分类销售数据汇总；

（2）月、年销售汇总数据的同比、环比分析，了解变化情况；

（3）计划完成情况，及未完成原因分析；

（4）时间序列预测未来的销售额、需求；

（5）客户分类管理；

（6）消费者消费习惯、购物模式等等

7. 目标市场特征分析

（1）"滚雪球"战略

目标市场的"滚雪球"拓展战略是中小企业最常用的一种策略，即企业在现有市场的同一地理区域内，采取区域内拓展的方式，在穷尽了一个地区后再向另一个新的区域进军的拓展战略。具体来讲，这种战略的拓展以某一个地区目标市场为企业市场拓展的"根据地"和"大本营"，进行精耕细作，把"根据地"和"大本营" 市场做大、做强、做深、做透，并成为企业将来进一步拓展的基础和后盾。在"根据地"市场占有了绝对优势和绝对稳固之后，再以此为基地向周边邻近地区逐步滚动推进、渗透，最后达到"星星之火，可以燎原"，即占领整个市场的目的。

采取"滚雪球"的市场拓展战略具有以下优势：

① 有利于企业降低营销风险

"根据地"的营销战略能为周边地区的营销实践提供丰富的经验和良好的示范。企业在全力建设"根据地"市场的过程中，对产品的市场营销规律有了较多的研究，包括成功的经验和失败的教训。"根据地"营销经验的日积月累自然成为企业日后向周边拓展最宝贵的财富和资本，营销的失误会进一步减少。随着市场的不断滚动拓展，企业的"根据地"市场地盘的扩大，这些经验和教训愈加丰富，市场营销的风险会越来越低。

② 有利于保证资源的及时满足

市场滚动的开始是以"根据地"市场的"兵强马壮"为基础的。已做大做强的"根据地"市场的利润丰收为新开拓市场提供充足的资金积累，"根据地"营销实践成为企业营销人才培养的"黄埔军校"，因而在市场拓展中能源源不断地向前方市场输送人才。

③ 有利于市场的稳步巩固拓展

“滚雪球”市场拓展战略是在现有市场车牢被占领之后才向新的周边市场拓展，秉持稳健踏实的理念，达到步步为营的目标。温州有许多民营企业就采用了这种“滚雪球”的循序渐进战略。如温州“大隆”鞋机，其整个国内鞋机市场主要是“三州”，即以男鞋为主的温州、以女鞋为主的福建泉州、以旅游鞋为主的广州。“大隆”首先当然是近水楼台先得月，温州鞋机市场为将来进一步发展的“根据地”。当占领温州 70%的鞋机市场，取得绝对稳固的垄断地位以后，再在温州发展，潜力已经不大，于是就向周边地区市场滚动。“大隆”第二步滚到了紧邻的泉州市场，并把温州的服务经验“克隆”到新市场，取得了很好的效果。现在，“大隆”又向福建邻近的广州进军了。

（2）“采蘑菇”战略

与“滚雪球”不同的是，“采蘑菇”拓展战略则是一种跳跃性的拓展战略。企业开拓目标地区市场的先后顺序通常遵循目标市场的“先优后劣”的顺序原则，而不管选择的市场是否邻近。即首先选择和占领企业最有吸引力的目标地区市场，采摘最大的“蘑菇”，其次再选择和占领企业较有吸引力的地区市场，即采摘第二大的“蘑菇”，不管这个市场是否和原来的市场邻近。

“采蘑菇”的市场拓展方式，也有其独特的优点：

① 企业能取得最佳的经济效益

因为，企业的每一步都选择的是未占领市场中最佳的。所以，企业的资源总是得到了最佳配置和利用。

② 企业市场拓展战略具有灵活性、及时性

尤其在竞争者较多时，如果仍按照由近及远、循序渐进的原则，则竞争者可能早就把那些诱人的市场抢走了。

8.4.2 市场细分与产品定位分析

1. 目标市场是指营销者准备用产品或者服务以及相应的一套营销组合为之服务或者从事经营活动的特定市场。或者说，目标市场指的是企业为达到预期规划的经营目标而进入的并将从事营销活动的市场。

随着社会的发展，社会生产力的提升以及科学技术的进步，人们的生活水平逐步的提高，消费者的需求以及欲望得到满足的条件越来越多，市场的需求变得越来越复杂以及多样。而市场由于竞争者的增多，资源的有限等限制原因，难以同时满足消费者的众多需求，消费者日益增长的需求与企业的发展之间产生了矛盾，这时就需要企业进行市场细分，然后选择自己的目标市场。

企业在寻找目标市场的时候，必须考虑以下的几个因素。

（1）市场规模以及发展潜力。进入市场以后的发展不是转瞬之间的，需要长远的发展以取得高额的回报，没有任何企业进入市场是为了退出市场，所以在选择目标市场的时候，往往需要选择规模合适以及拥有一定发展潜力的目标市场，企业需要制定相应的中长期计划，不能盲目地选择过大的市场，也不能妄自菲薄地选择小的市场。同时，看清发展潜力，了解现有技术，明晰政府政策，知晓顾客动机，这样才能在竞争市场占到一席之地。

（2）市场的竞争现状。虽然某些细分市场具备了企业所期望的规模以及发展潜力，但是往往缺少盈利的机会以及空间，了解现有的市场分布状况以及自己的竞争对手的状况有利于企业更加全面的了解目标市场，制定良好的发展计划。

（3）目标及资源。对于企业来说，制定企业目标是发展的要务之一，正如前文所说，我们制定一个大目标之后，还要制定多个小目标。选择目标市场的时候，即使目标市场拥有合适的市场规模以及发展潜力，同时竞争现状又十分乐观，如果不能契合企业的现有目标和资源的话，往往需要企业做出一部分的牺牲，甚至放弃该目标市场。如果仅仅是目标出现偏差的话，企业可以通过对于企业目标的适当修改来契合市场，但是在进入市场之后的发展，往往需要考虑自身拥有的资源，如果资源跟不上的话，企业只能放弃该目标市场，否则，即使挤入目标市场，也难以得到良好的发展。

企业花费了大量的时间精力进行市场细分，最终选择适合自己的目标市场，那么对于企业来说有什么好处呢？

（1）有利于发掘市场机会。企业在进行市场细分的时候，往往对于每个细分市场的大小、规模、发展潜力等等都有一定的了解，这时企业再考虑自身的现有状况选择，在一定程度上避免了损失，降低了自身的风险。

（2）有利于整合资源。选择企业合适的目标市场之后，企业通常需要跟进相应的资源，才能完成企业目标，选择目标市场之后，企业的发展将会更加的明确，减少资源的浪费。

（3）有利于制定合理的发展计划。企业的发展计划不仅仅依托于现有的发展，还有今后的发展规划，选择合适的目标市场，有利于企业根据市场的现状制定相应的合理发展计划。

2. 产品指的是提供给市场用于满足需要和欲望的任何东西。企业提供给市场的产品有多种，包括有形商品、服务、信息、创意等等。产品的概念十分的广泛，表现形式多种多样，但是都具有相同的两个特征：具有使用价值以及可以被交换。

（1）产品分类

依据其表现形式，产品分为有形产品和无形产品。有形产品指的是有固定形态的产品，包括原材料、书本、食物等等。而无形产品指的是没有固定形态的产品，例如信息、服务等等。

依据消费者的购买习惯，产品分为便利品、选择品、特殊品、无需求品。便利品指的是不需要货比三家的商品，例如便利店的塑料手套以及垃圾袋，这样的商品往往没有品牌效应，等等，消费者在选择的时候不需要做过多的思考就能够选择。选择品指的是需要货比三家的商品，由于其价格、性质等影响，这一类的商品往往需要消费者通过多方比较才能做出购买行为，例如衣物、食品调料，等等。

特殊品指的是容易形成消费群体的产品，例如苏宁的家电、苹果的电子产品，这些特殊的产品由于该类型产品中的某一个企业产生了品牌效应，其口碑等等会影响其消费者的行为。

无需求品指的则是暂时没有满足需求的产品，这样的产品通常是因为消费者的一时冲动，心血来潮做出了购买的行为，或者是暂时没有需求的产品，例如《辞海》，等等。

（2）消费人群分类

将产品进行细分以后，我们得知道产品是为了迎合怎样的消费人群。

例如我们可以按照年龄将消费者市场分为老年市场、青少年市场、儿童市场，等等，相应的市场需要对于产品进行适当的调整，在老年市场难以推出色彩鲜艳、图案夸张的服饰，而在青少年市场，由于青少年趋向于追求个性化，也难以接受千篇一律的风格。除此之外，还有价格分类等方式，企业可以选择适合自己的分类方式对于自己的产品市场进行分类。

这里我们可以利用市场定位产品差异分析表对产品市场进行分类。

市场定位产品差异分析表					
调查人：______ 部门：______ 调研地点（卖场/超市）： 日期：____年____月____日					
项目	竞争产品1	竞争产品2	竞争产品3	本公司产品	对比分析/差异描述
产品功能与特点					
产品零售价					
产品规格					
产品包装样式					
品质稳定度					
耐用程度					
故障率					
使用方便性（难易程度）					
产品生命周期（适应市场的期限）					
营销力度（包括销售方式、渠道等）					
广告投入（数量及方式）					
促销投入（活动、展示方式、展示数量）					
售后服务					
品牌影响力					
顾客对产品的评价					
当前销量					
当前市场占有率					

8.4.3 竞争对手分析

1. 竞争对手调查数据分析

一个企业的策略如果是根据竞争对手策略来制定的话，这个企业是没有持续性的，每个企业策略应该具有企业自身的特色。分析竞争对手的目的是为了解对手，洞悉对手的市场策略等。我们可以用竞争对手分析的五个层次来说明。能准确地确定竞争对手，这是分析的最低层次，能分析出对手状况则是第二层次，最高层次是通过竞争分析制定策略后能够引导对手的市场行为。

2. 竞争产品调查对比分析

竞争产品对比分析表												
品品牌名称	产产品名称	产产品规格	产产品图片	配置阐述		渠道定价	市场定价	预估销量	外观造型特征		客户反馈信息	
				基本配置	功能状态				造型风格特征	外观件特征	产产品优势	产品痛点

8.5 创业企业的营销管理

8.5.1 初创期企业的营销管理

正所谓最适合自己的才是最好的，作为创新企业，管理者需要选择最适合的营销管理方式，在不同的发展时间段对于不同的物品和服务选择不同的营销方式。

初创期是我们打开市场的时期，营销主要着重于改善、扭转性营销、刺激性营销以及开发性、引导性营销。

第一类：改善、扭转性营销

需求状况：负需求，是指全部或大部分潜在购买者对某种产品或服务不仅没有需求，甚至达到厌恶的状态。

营销任务：改变人们的需求方向，将需求转变到营销的这种产品或服务之上。

【例子】

某大酒店有两位客人被人在店内谋杀了，在相当长的时间内，客人都不愿意去这家酒店消费。在这种负需求情况下，管理人员就要分析客人不喜欢的原因。提高服务质量，用强有力的促销手段来重新塑造酒店形象。此时酒店的营销任务是扭转性营销。扭转人们的抵制态度。使负需求（不需求）变为正需求。

第二类：刺激性营销

需求状况：无需求或对某种新产品、新的服务项目因为不了解而没有需求；或是日常生活中的非必需品，根据人们的收入高低划分购买难易程度。

营销任务：激发需求要在预期收益上下功夫，设法引起消费者的兴趣从而刺激需求。

【例子】

法国一家化妆品公司在巴黎的《日日新闻》上刊登了一则广告：本公司选10名丑女，将于星期六晚上在巴黎大舞台与观众见面。广告刊出后，一时传为奇闻：世上只有选美女的，哪有选丑女的？还要在知名的巴黎大舞台上登台亮相。这个广告一下子就吊起了人们的“胃口”，于是不少人怀着好奇的心态赴会。当幕布徐徐拉开，10位丑女鱼贯而出时，观众们发现她们果然是面目奇丑无比。随后该化妆品公司的老板出来致答谢词说：“此次征求丑女，并不是要贬低她们，而只是用以证明本公司化妆品的功效。如诸位存有异议，就请稍等片刻，让丑女们化妆后再出来与大家见面。”当幕布再次拉开时，涂脂抹粉后的丑女们在霓虹灯下果然是另一番模样。自此，该公司的化妆品一炮打响，畅销巴黎。

第三类：开发性、引导性营销

需求状况：潜在需求是指消费者对现有市场上没有出现的某种产品或服务

的强烈需求。

营销任务：设法提供能满足潜在需求的产品或服务。

【例子】

陈欧第二次创业时发现，中国的广大女性消费者对于线上购买化妆品的信心不足，线上化妆品行业没有领头羊企业存在。对于他来说，化妆品就是新大陆。他总结出了三个“可行条件”。首先，电子商务在中国正在高速发展是不争的事实；其次，化妆品需求很大，但市场上还没有一个可信的化妆品网站；最后，做这个别的男人不好意思做的行业给了陈欧机会。

8.5.2 成长期企业的营销管理

成长期的企业在某一个领域已经有了一定的成就，这个时候营销管理需要根据市场变化进一步改变。适合成长期企业的营销方式主要有以下几种。

第四类：同步性、调节性营销

需求状况：不规则需求，即在不同时间、不同季节人们对某一物品或服务需求量不同，因而与供给量不协调。

营销任务：设法调节需求与供给的矛盾，使二者达到协调同步。

【例子】

酒店有着明显的淡旺季，客人的需求不规则，一般 4、5 月，9、10 月，为最高峰。12、1 月为低峰（淡季）饭店管理者必须通过灵活的价格及其他方法来调整。供求关系实施与不规则的淡旺季同步的营销方案，比如实行淡季价格与旺季价格；冬季养客，夏季吃客。

第五类：恢复性营销

需求状况：下降需求，指消费者对产品的需求和兴趣从高潮走向衰退。

营销任务：恢复需求设法使已衰退的需求重新兴起，但实行恢复性营销的前提是：处于衰退期的产品或服务有出现新的生命周期的可能性，否则将劳而无功。

【例子】

北京一家酒店每年都推出圣诞晚宴由于年年如此，客人的兴趣淡了，顾客一年比一年少，后来酒店的一位主管提议开发新的销售热点。在 2 月 14 日推出情人节情人套餐以及情人礼品。情人晚会等创新产品并在报纸上大肆宣传。结果营业额大大超过了圣诞晚宴。案例来源:《酒店营销策划学》

第六类：维持性营销

需求状况：充分需求，是指当前的需求在数量和时间上同预期需求已达到一致，但会变化：一是消费者偏好和兴趣的改变；一是同业者之间的竞争。

营销任务：维护需求设法维护现有的销售水平，防止出现下降趋势。

【例子】

对于餐饮业来说：持续性、花样性的营销策划活动，将是店内创收盈利的关键要素。所以突出不断的营销方法将是本店立于不败的关键因素之一。

1. DM 单的投放宣传，不间断的 DM 单的宣传与投放，将是本店扩大知名度的关键（投放地点：周边商场，商圈、小区、办公区、住宅……）;

2. 与周边商超，KTV，儿童城、、、商家不间断的合作将是本店客户资源的来源之一，将定期定量的不间断的改变营销策略与方案；

3. 周一到周日每天推出一道特价菜品,作为促销让顾客感受到创新与实惠；
4. 对金地那消费的宾客将给予代金券和 DM 单宣传为回头顾客做好铺垫；

5. 与网络媒体的形式进行本店菜品服务的推广与销售，突出优惠，突出环境，突出服务；

第七类：降低性营销

需求状况：超饱和需求，是指需求量超过了卖方所能供给或所愿供给的水平。

营销任务：限制需求通常采取提高价格、减少服务项目和供应网点、劝导节约等措施。

第八类：反击性营销

需求状况：有害需求

营销任务：不健康需求强调产品或服务的有害性，从而抵制这种产品或服务的生产和经营。

8.6 网上店铺的设立与经营管理

网上店铺就是我们俗称的网店，随着淘宝进入大家的视线，网店的发展也可谓是如日中天。网上店铺通过网络进行购买，并以快递的方式进行配送，即节省了消费者出门逛街消费的时间，也节省了商家门店等租金费用。网店作为电子商务的一种形式，是一种能够让人们在浏览的同时进行实际购买，并通过各种支付手段进行支付完成交易全过程的网站。

我们知道网店具有方便快捷、交易迅速、不会造成大量压货、打理方便、形式多样等特点，但是开网店也并不是勾勾手指头就能办成的事，如果要开网店，就要清楚地知道其制作流程。

网店注册：① 注册会员；② 填写开店资料；③ 核实信息筛选网店并开通试用。

网店制作重要环节：① 域名；② 主营项目（网店关键词）；③ 公司名称；④ 公司简介；⑤ 分类导航；⑥ 信息标题；⑦ 信息详细内容。

网店优化其他内容：① 博客的发布与管理；② 资料文件的上传与管理；③ 支付配送管理；④ 友情链接管理；⑤ 管理调查主题；⑥ 管理滚动广告。

网店后期维护

刷新网店排名、更新网店数据、续登信息、发布新信息、留言回复、提高浏览量。

但是由于现在淘宝、天猫、京东等网购平台的不断发展，依托大平台开网店已经逐渐地放弃了原来的那种繁琐的方式，变得更加简单，这里就不详细介绍了。

那么注册网店之后，店主还应该考虑什么内容呢？

首先，选择经营方向。开网店和开实体店最大的区别就是实体店具有店面，店面所在的位置将会成为重中之重，相似的杂货铺如果选择的地理位置很好就有可能赚取别的店面眼馋的利润。但是网店使得店面地理位置的优势消失了，这时候，店家就应该调用自己所拥有的资源，选择销售具有成本优势的商品还是具有产品差异性的产品。

其次，决定货源。除非是做出产品差异性较大，能够长久吸引客户的产品，否则大多数的网店只能在成本上面下功夫，即找到物美价廉的货源。如何找到合适的货源呢？充当市场猎手时刻的关注市场动向，利用商品打折等方式找到价格低廉的货源；关注外贸产品，了解各外贸厂家；买入品牌产品积压，把握品牌产品换季周期，通过差价来赚取利润；批发商品，当购买的商品数量足够多的时候，就能拿到合适的价格优惠赚取差价；国外打折商品的代购，这也是近几年来比较流行的方式，例如很多人会选择代购韩国的化妆品、欧洲的保健品，等等。

最后，建立起合适的网店制度，包括售后服务以及优惠活动的推出，等等。

由于人们在网店上往往无法亲手触摸到自己所选择购买的商品，有部分的消费者在收到货物之后，由于物品与其预期有一定差距，往往会提出退货的要求，这时候就需要店家对于商品的售后做出合理的规划，在不损害自身利益的前提下妥善解决。

至于网店的经营管理，只要进行成本优势战的店家能够制定合理的价格，关注顾客的需求，把握市场的动向，产品差异战的店家能够保证商品的特色以及在迎合消费者需求的前提下赚取合理的利润，都是能够获得一定成长的，至于最后店开的如何，还要根据商品的质量、售后服务等等方面来进行考量。

【案例分享】

游子心故园情，归来创业富乡亲

1999 年大学毕业后，赵浩翔独自一人在广州闯荡。最早应聘到一家公司跑业务，因为勤奋努力，业绩不错，掘到了人生的“第一桶金”。2001 年，他在长沙开了一家化妆品公司和桑拿洗浴用品公司，效益良好。

妻子、孩子远在长沙，让事业如日中天的赵浩翔选择在苍溪县发展的原因很简单。

其一，赵浩翔认为，自己身为苍溪人，反正都是创业，在家乡创业还能带动这个地区脱贫致富。

其二，苍溪有着得天独厚的资源，有创业所需的木材，富足的劳动力以及县委政府的热情支持。

如今赵浩翔的发展越来越好，也正印证了当初他的选择是正确的。现在的“川湘木业有限公司”主要进行网上营销。2013 年—2014 年，连续 5 年，在淘宝销售木桶成为‘第一商家’。除此之外，赵浩翔还在天猫、阿里巴巴、京东等电商平台销售产品，在天猫开设了苍溪本地第一家川湘旗舰店。

但是销售木桶仅仅带动了一部分劳动力脱贫，数量实在有限，赵浩翔在进过实地考察仔细分析以后，考虑到苍溪山清水秀的环境，以及现在人们对于食品安全日益增加的重视程度，最终决定通过电商平台，帮助苍溪的老百姓们销售农产品，让他们直接获利，从土地上看到致富的希望。

2015 年 8 月，赵浩翔投资成立了“四川土农民农业开发有限公司”，利用电商平台销售苍溪地方特色产品，并申请了“苍山土农民”和“苍山农夫”两个产品商标。

2015 年 9 月，入驻淘宝和京东广元馆。公司在京东广元馆秒杀活动中，1 分钟即销售苍溪红心猕猴桃 3000 件。淘宝店铺从“0”开始，一个月时间得到 4 颗钻石的好评，公司整体经营情况良好。

2015 年 10 月，在政府的关心下，他的公司免费入驻电商孵化园，得到办公场地、培训等方面的大力支持。

2015 年 12 月，为引导苍溪县电商业务进农村，解决电商“最后一公里”问题，方便农民生产消费购物和销售农村土特产品，赵浩翔组建了“苍溪县村村通物流有限责任公司”。这是苍溪县第一家专为农村、企业、农民服务的专业快运公司。公司注册资本金 200 万元。

未来 2 年内，他将在县城筹建 1 个物流分拣中心，建立 1 个电子物流信息平台，在各乡镇建立 38 个物流服务站，建立 1000 个物流服务点，覆盖全县所有行政村、自然村、交通要道。公司以“助力电商提速，方便生产生活，提供三农服务”为使命，将吸收整合现有物流、快递资源，建立快捷、方便、畅通、优质的第三方物流联合体，从而推动我县“电子商务进农村”，方便农户生产、消费、购物，让本地农村地方特产能方便快捷的走向全国各地，加速农村电商快速发展。

2016 年，为进一步推动公司电商业务开展，提升苍溪地方特产品质和形象，赵浩翔又投资注册了“浩翔广告装饰公司”，主要目的是帮助苍溪人民营造企业文化，提升公司外在形象，并为农民的土特产品设计个性化的包装，满足线上销售要求。目前运作情况良好。

去年，赵浩翔的公司销售水果 2000 吨，其中包括销售全县各地的猕猴桃，元坝镇的脆红李、红薯，六槐乡的橙子等，大约帮扶了几十个贫困户。在今年，他又整合了苍溪优秀电商人才，成立了专业电商营销团队，在天猫又开设了益味鲜农产品旗舰店。

和赵浩翔带着资金回乡创业不同，长得瘦小单薄的李霞，在外打拼几年后，并未能发家致富，倒是看到了一个巨大的商机。

在打工的地方，李霞的工友们听说苍溪的猕猴桃好吃，总让她帮忙捎带、购买，后来回到苍溪了，李霞还常常通过快递给工友们邮寄。考虑到现在电商的流行，李霞不禁问自己：“为什么不从事电商经营呢？”

李霞是个雷厉风行的女人，说干就干，她从网上学习，请教资深电商，购买资料研究，开始尝试在微信公众平台销售，开起了自己的个人微店。尝到甜头后，她将目光盯上了更大的市场。通过多方考察，详细了解后，2014 年 12

月，她大胆成立了“苍溪县红欣源农业科技有限公司”，主营苍溪红心猕猴桃及各类农特产品网上销售。经过多方联系，多方洽谈，她成功创立了三种电商销售模式：自媒体下的微营销，私人订制下的订单模式，大型销售平台的战略合作。

为了保证货源和质量，她在歧坪四蛮寨村流转承包土地 120 亩，建立了自己的猕猴桃基地，并与周边种植大户和贫困农户签约 500 余亩。仅 2016 年，通过众筹、微营销等方式，短短一个月时间，就在网上销售猕猴桃 3 万余盒，销售金额近 300 万元，全年销售 400 多万元，发货量 4.5 万件。

2017 年，李霞已经和全国五家大型销售平台达成了合作协议。其中，和深圳欧佩薇商贸有限公司签订 1000 万销售订单，产品包括红心猕猴桃等各类水果，还有红薯、玉米饼、土鸡蛋和腊肉等苍溪特产。该公司还答应和李霞联手合作，主要针对贫困户、种养殖大户进行电商培训，使他们个个都成为电商能手，加大对苍溪特色农产品的宣传和销售。除此之外，李霞还准备在有一定产业基础的贫困村组，建立自己的特色农业合作社，公司牵头入股，大力推行有计划、有规模的特色农产品种养殖，并逐步建立可追溯生产体系。

有创业初有小成的兴奋与开心，但随之而来的问题也让李霞颇为头痛。李霞称，苍溪电商大多单打独斗，在物流、宣传、包装等领域，造成了许多内耗。目前李霞已经多方奔走游说，希望电商们团结起来，大家统筹规划，抱团发展，齐心协力推出苍溪的各类特色农产品，既助力农户脱贫，也壮大苍溪电商，不断的推动当地经济的发展。

【思考题】

1. 根据案例进行分析，赵浩翔及李霞两人的创业发展有何异同之处？他们选择的是哪种发展战略？

2. 根据案例进行分析，结合本章内容，试说明案例中的运营方式。

3. 根据案例进行分析，赵浩翔及李霞是如何细分市场的？查阅相关资料，试任选一种战略外部环境的分析方法对案例进行简单分析。

9　互联网创业企业管理之资金管理

本章重难点

【本章重点】

风险投资，简称VC。广义的风险投资泛指一系列具有高风险，同时高潜在收益的投资；狭义的风险投资指的是以高新技术为基础，生产经营技术密集型产品的投资。目前项目评估方法有四种：净现值法、内含报酬率法、回收期法、会计报酬率法。

投资者关系管理（Investor Relations Management，英文缩写IRM）其含义既包括上市公司（包括拟上市公司）与股东、债权人以及潜在投资者之间的关系管理，也包括在与投资者沟通过程中，上市公司与资本市场各类中介机构之间的关系管理。

股权即股票持有者所具有的与其拥有的股票比例相应的权益及承担一定责任的权利。而股权结构是指股份公司总股本之中，不同性质的股份所占的比例极其相互关系。

风险投资的六要素分别为：风险资本、风险投资人、投资对象、投资期限、投资目的以及投资方式。

【本章难点】

股权结构有两层含义：股权集中度及股权构成。在企业股权结构之中，所有的股权资源中最稀缺、最不容易获得的股权资源必然是在企业重占据统治地位的，而企业的利润分享模式以及组织结构模式也会根据其占统治地位的资源决定。

财务风险控制方法：防护性控制、前馈性控制、反馈控制。

9.1　如何找到投资人

投资指的是特定的经济主体为了在未来可预见的时间内获得收益或者资金

增值，在一定时间内向一定领域投放足够数额的资金或者实物的货币等价物的经济行为。作为寻找投资商的企业来说，投资就意味着要争取一定的货币进入企业，再通过生产经营活动取得相应的利润，向投资者支付应得利润。

在如今经济全球化的背景之下，资本的争夺也变得无比的重要，投资人值得就是投入现金购买某种资产以期待获得利益的自然人或者法人。创业者在创业初期往往缺少相应的资金来维持企业的正常运作，在这种急迫的情况之下，如何找到合适的投资人呢?

首先，注意报刊杂志以及各种媒体。在各种报刊、杂志以及媒体之中，会出现大量的投资商寻找项目的信息，随着互联网的不断发展，网络媒体逐渐深入人们的日常生活之中，这样的背景之下，一些项目方也会在一些网络媒体中主动发布找寻投资商的信息。如果要在本地进行筹资的话，在了解了当地投资商更倾向于从哪种媒介获取信息之后，进行有效率的信息发布，在看到合适的投资商发布的信息之后也要懂得及时的把握机会。而现在随着经济的不断发展，全国各地的企业筹资也不再局限在本地，越来越多的企业选择在全国范围内进行筹资。例如快递的信息单上会印上招商信息。

适当的参与商业聚会。参加各种创业人群以及投资商的聚会，不仅仅是在聚会上扩展自己的人脉，了解自己的同行竞争对手，也是在为自己寻找合适的合作伙伴，即愿意投资的投资商。

在同行的朋友之中寻求帮助。这时候需要团队中的成员在相应的领域建立相应的人际关系网络，寻找投资商除了公众视线中以外，还能在同行的朋友那里得到一部分社交媒体上面难以找到的信息。由于先进入市场，得到的信息会更加的全面，有关于投资商的评价也会更加真实可信。

找到投资中介。就好像是房屋中介一样，通过各种信息的整合，为合适的公司企业寻找合适的投资商，但是值得注意的是，一定要找到正规的中介，对于创业中的公司来说，中介起到了很大的作用，能否收到融资有时候意味着企业是否能在市场中站稳脚跟。

以上便是找到投资商的四种办法，不难看出要找到投资商不仅仅需要捕捉信息的能力，还需要广阔的人脉，在没有人脉的情况下，想要建立合适的人际网络，团队成员的人格魅力就显得格外的重要。作为市场的新手，应该时刻保持谦虚好学的态度，不卑不亢，既要明白自身的不足，不恃才傲物，也要明白自身的优势，不能妄自菲薄。

9.2 风险投资的基本认识

风险投资，简称 VC。广义的风险投资泛指一系列具有高风险，同时高潜在收益的投资；狭义的风险投资指的是以高新技术为基础，生产经营技术密集型产品的投资。

风险投资在人们的普遍认知当中，往往意味着两个极端，如果投资人的眼光独到，投资成功，那么就又可能获得几倍、几十倍甚至上百倍的报酬，但是一旦投资失败，就有可能血本无归。这种投资人自己承担风险的做法虽然冒险，但是高风险一般就对应着高回报。而对于创业之中的公司来说，这种投资就意味着，使用这笔资金的时候，由于风险由投资人自己承担，所以即使创业失败，也不需要背上债务，这就使得越来越多的创业公司看中了风险投资，并且想要寻求这一方面的合作。

风险投资一般被分为四个类型

风险投资是由资本、技术、管理、专业人才、市场机会等等要素共同组成的投资活动，它具有以下几个特点：

以投资换取股权，但不是为了控股

协助企业进行经营管理，参与企业重大决策

高风险高回报，风投公司往往由专业人员周而复始的进行各项的风险投资，不会仅仅选择单个项目。

追求资本的早日回收，虽然参与企业的管理与决策，但不以控制公司所有权为目的。

风投公司与创业企业之间的关系建立在互信的基础之上。

投资对象一般是现在炙手可热的有前景的新兴企业。

9.3 融资前的准备过程

进行项目评价。对于创业企业来说，寻求融资主要是因为经营性长期资产投资项目，一般可以分为五种类型：

新产品的开发或者现有产品的后延开发。这时往往需要新的研发设备以及产品制作设备，同时还需要大量的原材料等等，创业企业在创业初期一般并无较多的流动资金，难以在短时间内运转大量的资金，而市场瞬息万变，如果不能准确地把握住时机，一旦被竞争对手抢先，便落于人下了。

设备或者厂房的更新项目。企业通常会更换现有已损坏的设备，以用来维持甚至提升企业生产率，但是创业企业在初期不会大量的更换现有设备，所以大多数的创业筹资在此时都是以购买设备为主的。

研究与开发项目。在新产品进行生产进入市场之前，必须要经过产品研发团队的研发，在不断的实验之中，大量的资金投入是不可避免的，所以创业企业往往需要在研究开发新项目的时候筹集资金。

勘探项目。企业在进入市场之前以及初入市场之后，由于对于市场现状的了解较为模糊，所以需要对于企业现状进行一定的勘探，了解实情以便于进行详细的规划。

其他项目。包括劳动保护措施的建设，污染控制设备的购买，这些决策虽然与直接的营业收入无关，但是也决定了企业的生存与发展。

在了解了所需融资的项目类型之后，根据该项目的类型以及规模进行项目评估，了解所需融资的项目资金整体大致多少，后续资金如何周转等等。对于项目价值的评估方法主要有两种，

一种为净现值法，指的是特定项目未来现金流入的现值以及未来现金流出的现值之间的差额，按照这种方法，所有未来现金的流入以及流出都应该用资本成本换算成为现值，然后用换算后的流入现值减去流出现值，得出的便是投资的报酬，根据投资报酬与筹资时所付利息进行比较来决定是否要选择融资来进行该项目。

一种为内含报酬率法，指的是能够时未来现金流入量现值等于未来现金流出量现值的折现率。

一种为回收期法，指的是投资引起的现金流入累计到与投资额相等所需要的时间，它代表的是收回投资所需的年限。回收的年限越短，则项目越有利。

一种为会计报酬率法，计算简便而且应用范围很广，计算时会使用会计报表上的数据，以及普通会计的收益以及成本观念。会计报酬率一般使用年平均净收益除以原始投资额，但是这种方法的缺点是使用账面收益而不是现金流量，就表明忽视了折旧对现金流量的影响，忽略了净收益时间分布对于项目经济价值的影响。

了解了项目所需资金以后，接下来就是对于投资方的了解。投资方在找投资项目的时候往往会考虑以下几个问题：首先是团队成员。一个创业团队能否

获得大的利润，能否带来客观的收益，都建立在优秀的人才之上。团队内成员的经历以及团队的背景都十分的重要。其次是产品以及商业模式。公司盈利的来源是产品的售卖，产品如何吸引顾客，将会面临怎样的市场，如何实现盈利都是投资商关注的问题。然后，是投资方应该承担怎样的风险。所谓风险越大，利润越大，但是一个项目所需投资方承担的风险是否值得进行投资也是投资方需要衡量的内容之一。最后，是对于未来的规划。投资人给项目投资的原因是为了获取收益，除了了解公司的过去以及现状以外，投资人还关心企业的未来，融资以后的钱会怎么用，需要多少钱，用来做什么。

在做好这样的准备之后，企业要做的就是开始寻找投资商并且请求融资合作了。

9.4 正确认识与投资人的关系

随着经济全球化的不断推进，公司的上市将会面临更多的挑战以及规范，而这些公司的投资将会更加地重要，不再是短期的、有目的性以及功利性的，而是长久的、进入企业管理战略的行为。

投资者关系管理（Investor Relations Management，英文缩写 IRM）这个概念诞生于美国 20 世纪 50 年代后期，其含义既包括上市公司（包括拟上市公司）与股东、债权人以及潜在投资者之间的关系管理，也包括在与投资者沟通过程中，上市公司与资本市场各类中介机构之间的关系管理。

具体而言，投资者关系管理指的是运用传播及营销的原理，通过管理公司同财经界和其他各界进行信息沟通的内容和渠道，以实现相关利益者价值最大化并如期获得投资者的广泛认同，规范资本市场运作、实现外部对公司经营约束的激励机制、实现股东价值最大化、保护投资者的利益，以及缓解监管机构压力等等。

投资连接着投资方和筹资公司，那么如何建立良好的投资关系，如何更好地进行融资合作，创业公司在创业初期根基不稳之时、中期蓬勃发展之时、后期更新完善之时，投资都是在企业管理中较为重要的部分。

好的投资者能够给创业者理清投资思路，充分全面的认识自身，根据现有情况进行更加稳妥的投资行为。在市场中，与经验欠缺的创业者比较，投资者接触的项目更多，了解事物也更加的全面，信息渠道也更加的广。在这样的情况下，投资者能够更准确的选定投资项目，使创业者能规避一定的风险，多了成功的保障。

在现代的市场经济之中，企业的竞争不只是产品市场的竞争，还包括了资本市场的竞争，当企业竞争变成一个包含产品竞争以及资本竞争的全面竞争之后，投资者的关系则变成了企业在资本市场保持其竞争优势的关键。

9.5 制造合理的股权结构

股权即股票持有者所具有的与其拥有的股票比例相应的权益及承担一定责任的权利。而股权结构是指股份公司总股本之中，不同性质的股份所占的比例极其相互关系。

股权结构是公司治理结构的基础，公司治理结构则是股权结构的具体运行形式。不同股权结构决定了不同的企业组织结构，从而决定了不同的企业治理结构，最终决定了企业的行为与绩效。股权结构有不同的分类。一般来讲，股权结构有两层含义：

第一个含义是指股权集中度，即前五大股东持股比例。从这个意义上讲，股权结构有三种类型：一是股权高度集中，绝对控股股东一般拥有公司股份的50%以上，对公司拥有绝对控制权；二是股权高度分散，公司没有大股东，所有权与经营权基本完全分离、单个股东所持股份的比例在10%以下；三是公司拥有较大的相对控股股东，同时还拥有其他大股东，所持股份比例在10%与50%之间。

第二个含义则是股权构成，即各个不同背景的股东集团分别持有股份的多少。在我国，就是指国家股东、法人股东及社会公众股东的持股比例。从理论上讲，股权结构可以按企业剩余控制权和剩余收益索取权的分布状况与匹配方式来分类。从这个角度，股权结构可以被区分为控制权不可竞争和控制权可竞争的股权结构两种类型。在控制权可竞争的情况下，剩余控制权和剩余索取权是相互匹配的，股东能够并且愿意对董事会和经理层实施有效控制；在控制权不可竞争的股权结构中，企业控股股东的控制地位是锁定的，对董事会和经理层的监督作用将被削弱。

企业具有什么样的股权结构对于企业的类型、发展、组织结构的形成都具有重大的意义，在如今这个瞬息万变的市场当中，随着社会环境以及科学变革的到来，企业的股权结构也会随之相应的变化，因此，股权结构其实是可变的动态的。

当公司的大股东之间的股权比例相当接近，没有其他小股东或者其他小股东的股权比例极低的情况时，我们称之为平衡股权结构。如果股权结构不能达到平衡，将容易产生股东僵局或者公司控制权及利益索取权的失衡。

随着全球网络化的形成以及新型企业的出现，技术以及知识在企业股权结构中所占的比例越来越大，知识型经济将会成为未来的发展趋势，知识资本将会成为决定企业命运的最重要的资本。

在企业股权结构之中，所有的股权资源中最稀缺、最不容易获得的股权资源必然是在企业重占据统治地位的，而企业的利润分享模式以及组织结构模式也会根据其占统治地位的资源决定。

当社会发生技术变革以及生产方式改变时，为使得企业更好的发展，股权结构如何进行适当的调整改变将会是企业重点考虑的问题。

9.6 正确看待风险投资

风险投资（Venture Capital）简称 VC，也有人称之为创业投资。广义的风险投资泛指一切具有高风险、高潜在收益的投资；狭义的风险投资是指以高新技术为基础，生产与经营技术密集型产品的投资。据美国全美风险投资协会的定义来说，风投是由职业金融家投入到新兴的、迅速发展的、具有巨大竞争潜力的企业中一种权益资本。从投资行为的角度来讲，风险投资是把资本投向蕴藏着失败风险的高新技术及其产品的研究开发领域，旨在促进高新技术成果尽快商品化、产业化，以取得高资本收益的一种投资过程。从运作方式来看，是指专业化人才管理下的投资中介向特别具有潜能的高新技术企业投入风险资本的过程，也是协调风险投资家、技术专家、投资者的关系，利益共享，风险共担的一种投资方式。

风险投资的六要素分别为：风险资本、风险投资人、投资对象、投资期限、投资目的以及投资方式。

风险资本。风险资本指的是由专业投资人提供的快速成长且具有很大升值潜力的新兴公司的一种资本。风险资本通过购买股权、提供贷款或既购买股权又提供贷款的方式进入这些企业。由于国情的不同，不同国家的风险资本的来源也不尽相同。但是大多数的风险资本主要来源于个人或者家庭、国外资金、保险公司资金、年金、大产业公司资金等等，金融市场使得资金所有人的风险资本得以更好地进行配置。

风险投资人。风险投资人通常分为四类：同为企业家而向别的企业进行投资，通过投资获利，资本属于自身所有而非受托管理的风险资本家；通过风险投资，基金一般以有限合伙制为组织形式的风险投资公司；代表母公司利益进行投资，主要将资金投向一些特定行业的产业附属投资公司；投资年轻公司以帮助公司迅速启动的第一批投资人，也被称为“天使投资人”。

投资目的。投资虽然属于股权投资的一种，但是却并不是为了获得企业的所有权，也不是为了对企业控股获得经营权，而是通过投资和提供增值服务将投资企业做大，然后通过公开上市、兼并收购或者其他方式退出，在产权流动中实现投资回报。

投资期限。风险投资人帮助企业成长，最终寻求渠道将投资撤出，以实现增值。投资资本从投入被投资企业到测出投资为止，所间隔的时间长短被称为风险投资的投资期限。作为股权投资的一种，由于企业中资金的增值需要一定的时间，风险投资的期限一般较长，其中，创业期风险投资通常在 7～10 年内进入成熟期，而后续的投资大多只有几年的期限，大多数的投资公司都会选择在适当的时机撤出投资，完成增值。

投资对象。风险投资的产业领域主要是高新技术产业，这样的企业由于前期自身拥有的资本太少，而高新技术产业有一定的回报周期，需要大量的投资资本注入。

投资方式。从投资的性质来看，投资的方式有三种：直接投资、提供贷款或贷款担保、提供一部分资金或者担保资金同时投入一部分资本购进被投资企业的股份。不管是哪一种投资方式，风险投资人一般都附带提供增值服务。除这三种以外，还有一种常见的投资方式是将风险资本长期投入被投资企业，这样既可以降低投资风险，也有利于资金的周转；另一种不常见的是一次性投入，在此投入之后，往往很难也不愿意继续提供后续资金支持，这种方法一般被风险资本家以及天使投资人使用。

风险投资是权益资本而非借贷资本，对于风险投资看重的高科技创新企业来说，虽然该资本价格昂贵，但是与将安全放在第一位的银行相比，风险投资更容易获得，甚至是高科技创新企业唯一的资金来源。

风险投资偏好高风险项目，追逐高风险背后隐藏的高收益高回报，在较长期且流动性差的权益资本中寻求资本增值，更放眼于企业未来的发展，管理团队的水平以及其创新精神，更倾向于投资新兴且高速成长的产业。

而风险资本虽然给企业带来大量的资金以维持其发展，但是风投并不是慈善，当企业项目没有适当的后续发展潜力，风险投资者看不到资本增值的潜力，即使是高新技术产业也很难得到风险资本。

所以，想要得到风险资本，得让投资人看到管理团队的水平以及投资方案的潜力，否则投资家不会对企业注入资本，让自己的资金打了水漂。

9.7 互联网创业的资金风险

9.7.1 创业资金风险的概念与特征

企业的经营必然存在风险，几乎所有的企业在市场经济条件下的经营活动都是不确定的，随之现在经济全球化的不断发展，企业所面临的风险也逐渐多样化，面临着各种竞争，对于企业的内部管理以及财务管理提出了更改的要求。正所谓留的青山在，不怕没柴烧，企业的发展虽然是为了最终的盈利，但是如果企业没有进行良好的财务管理，也是不能够寻求更好发展的。

财务是财务活动以及财务关系的总称，财务管理是组织资金运动，处理同有关方面财务关系的一项经济管理工作。它主要是利用资金、成本、收入等价值指标，组织企业中价值的形成、实现和分配，并处理在这种价值运动中的经济关系的一项管理工作，是企业管理的一个重要组成部分，财务管理与经济价值或者财富的保值增值有关，是有关创造财富的决策。

企业的目标首先是在竞争激烈的市场之中生存下来，只能站稳脚跟之后才能进一步谋求发展以及获利。

“凡事预则立，不预则废。”要进行良好的财务风险管理，就要设定适当的财务风险管理目标，既能督促企业自身进行正确的发展，也能够评估在一定时间内的企业财务活动是否合理。风险基础财务管理目标按照其范围不同分为基本目标、分部目标、集体目标。

在之前的章节中提到过，公司的管理目标是实现股东财富最大化，所以企业财务管理部门在组织、指导财务活动时，通过识别、测试企业资金运动过程中客观存在的风险，采取行之有效的防范控制措施，以最小的成本获得最大的安全保障。

为了实现风险基础财务管理的目标，企业需要采取一系列相互连接的管理程序，这些程序的结合以及协调，形成了企业风险基础财务管理的基本环节，其中环节主要包括风险预测、风险决策、风险预防与控制、风险管理效果评价以及风险损益处理五个管理阶段，他们共同构成风险基础管理工作的主要内容。财务管理部门在财务预测的基础上做出风险决策，将风险收益与控制风险所需的成本进行比较比较，确定企业应该做出怎样的风险决策，能够为实现财务目标以及经营目标承受多大的风险，从而降低企业风险管理成本，提高风险管理的绩效。在风险决策之后，企业财务管理部门即相关部门会制定并选择合适的方案，进行风险预防以及控制措施，使企业的发展向好的方面发展。而为了实现风险基础管理的目标并提高管理的效率，财务管理部门需要对于各项管理措施的适用性、有效性进行分析、检查、评估，并据以不断的修正和调整计划，然后对风险结果进行财务处理，及时补偿风险损失并合理分配风险收益。风险基础财务管理的上述五个基本环节，是周而复始、循环往复的过程，共同形成一个完整的风险基础财务管理循环。

当完成上述五个环节形成的良好循环之后，风险基础财务管理才能循序渐进的达到预定的财务目标，如何掌握市场的动向以及如何适当的对于企业风险管理进行良好的调整，都是建立在环节循环之上的。

9.7.2 创业资金风险的应对与基本原则

接下来，将对财务风险控制的方法进行主要阐释。

财务风险控制方法主要有三种：

（1）防护性控制。将风险预测联系起来，即在财务活动发生之前，就制定一系列的制度以及规定，对于即将面临的风险进行防护的控制方法。

（2）前馈性控制。又称为补偿干扰控制，是通过对实际财务系统运行的见识，利用科学的方法预测可能出现的偏差，并采取合适的措施，使得差异消除。

（3）反馈控制。又称平衡偏差控制，是在认真分析的基础上，发现实际与计划之间的差异，确定差异产生的原因，采取切实有效的措施，调整实际财务活动或者调整财务计划，使得差异得以消除或者避免今后出现类似情况出现。

系统风险无法规避，而且随着经济社会的不断发展，人们的消费水平以及消费观念在不断地改变，市场需求千变万化，全球经济化导致各国经济牵一发而动全身。在这种情况下，不同的企业根据自身实际情况进行调整，在适当的时间选择适当的方法对于风险进行预防和控制是很有必要的。

10　互联网创业的误区与忠告

本章重难点

【本章重点】

大众创业不等于人人创业，目前国内创业环境还不能支持人人创业，创业政策还不完善，对于创业需要做好万全的准备以及慎重的考虑。提倡创业创新，更多的是提倡敢于创新、勇于创新、善于创新的精神。

正确地认识创业。广义上的创业，是指人们从事有关创新事业的生产生活活动，主要体现为主体在能动性的社会实践中所体现的一种特定的精神、能力和行为方式。而狭义上的创业即指主体自己开办公司，进行生产经营活动。

互联网的特点包括：易于收集信息和资源共享、易于平等交流、易于进行多种营销、成本更加低廉。

【本章难点】

创意的核心是策略，关键是利益。一个成功的好的创意必须有具体实践步骤的点子，并且能够进行延伸与拓展。好的创意以及好的创业项目应当以策略为核心，懂得如何在后续的发展之中不断的保存创业项目的鲜活性，并且应对市场需求快速地做出相应的调整。

双赢思维基于互敬、寻求互惠的精神，意味着合作。在企业外部，企业家可以运用双赢思维来将市场这块蛋糕做大，企业内部，可以运用双赢思维来实现企业与员工之间的利益均衡。

10.1　大众创业不等于人人创业

在过去的几年时间里，“大众创业，万众创新”这一口号点燃了无数创业者的热情，他们前仆后继的涌入创业的人潮当中，期盼自己有朝一日也能像马云一样在一夜之间家喻户晓。从工商部门统计数据来看，2015 年，全国平均每天新增 1.2 万户新企业，新登记企业注册资本比上年增长 52.2%，两项数据均创历年新高。另据中国科协的调查显示，大学生已经成为创业的主力军。2015 年新毕业大学生中创业人数同比增长近 1 倍，其中，35.7%的人选择科技与互联网领域等高科技领域创业。

创业的人那么多，成功的又有多少呢？创业成功带来的财富以及名誉固然让人觉得精神振奋，但是创业也是一条艰险的道路，可谓是“九死一生”。目前我国的创业机制还尚未成熟，创业环境还亟待改善。在这种情况下，创业者们更需要谨慎小心，思考究竟什么人适合创业，创业前应该做出哪些准备，大众创业就意味着人人创业吗？

第一，创业需要具备基本的理论与知识。创业不是探索性的第一步，而是在做好准备后发起冲锋的号角。如果连基本的知识都不具备，而仅仅只依靠自己灵光一现的小聪明就妄图在众多创业精英之中脱颖而出，那不是创业，而是盲目与莽撞。

第二，创业者需要对自己的方向、目标、终极目标等方面做出认真的思考与研究。目前阻碍创业的因素有很多，从内部来讲，年轻人作为创业的主力军，在创业时的心态把握仍然是一个棘手的问题，切忌浮躁，一定要脚踏实地。

第三，目前的环境还不能完全支持大众创业。目前无论是银行还是风投，都还没有形成一个完整体系，大部分人还存在固有思维，大多选择储蓄，就意味着创业者要对于自己创业规模等等方面要进行全方位思考，切忌好高骛远。

第四，越来越多的人投身于创业，有需求就有市场，创业孵化机构也呈现出“野蛮生长”的趋势，但并不意味着大部分人获得了成功。据不完全统计，2015—2016 年间，专门针对中小企业创业创新的培育基地就多达 4000 余家，其中科技类企业孵化器就超过 2500 个，较往年翻倍。然而如此多的创业孵化机构仍然没有将多数的创业者推向人生的高峰，反而大多数的创业孵化机构面临着倒闭的危险。目前众创空间仍然需要时间沉淀，并不断进行探索性的发展。根据市场需求做出适当的调整，正如前文所言，未来的产品在不断的同质化，众创空间也要根据这一趋势进行调整，力争为创业者提供专业化、特色化的服务。

第五，政策还没有健全，目前存在较为严重的偏向性。尽管目前政府政策仍然支持创业创新，但是政策的覆盖面有限，政策过于偏重在校以及刚毕业不久的大学生，偏重于创业园区、孵化器等各类创业平台，社会青年以及平台外的创业企业都不易享受到政策优惠，甚至因为在大学里更加容易创业，无数的大学生在没有做好充分准备的时候就迫不及待地开始了自己的创业之旅，最终只得惨淡收场。

2016 年 3 月 5 日，国务院总理李克强在第十二届全国人民代表大会四次会议上作政府工作报告。在 2016 年工作总体部署中，李克强总理提到了“持续推动大众创业、万众创新”，充分释放全社会创业创新潜能。两会期间，创业一词与改革、环保、养老等一并成为网民搜索热词，话题搜索量超过亿次，同时，也成为代表委员热议的话题。

鼓励创业，本无可非议，改革开放的经验告诉我们，让那些敢于创业的人才领导社会就业，可以推动社会就业。中国服务业的发展，就是通过许多前赴后继的创业者们不断地创业开拓得来的。这不但增加了社会就业，也促进了经济活跃。然而大众创业并不意味着人人创业，不是人人都适合做老板。提倡大众创业，应该是提倡一种敢于创新、勇于创新、善于创新的精神，能够不断的进行探索并大胆地做出改变，才能为中国的经济持续注入新动力，实现经济的稳步发展。

10.2 创业不等于投机

创业和投机都有极大的风险，但是创业不等于投机。投机是根据对市场的判断，把握机会，利用市场出现的价差进行买卖从中获得利润的交易行为。就如同打猎，不看见猎物绝不开枪。民众日常购买彩票、股票等利用所获信息，根据有限资源所做出的交易选择，都属于投机的一种。

马云说：“我一直的理念，就是真正想赚钱的人必须把钱看轻，如果你的脑子里老是钱的话，一定不可能赚钱的。”当创业的热潮涌来的时候，如果只是抱着想凭借创业的势头捞一笔，创业就不可能成功。因为创业不是投机，它是事业。如果抱着侥幸的心理，很可能就只有血本无归。

在创业的过程之中，创业者要投入百分之百的精力专心于一件事上，并且要为自己健康买单，要有身体透支的能力与准备，并且要有极强的事业责任心，不能见事就跑，同时要有决断力，成为团队的主心骨。我们往往发现，创业成功者并不一定是技术最好的人，但他往往是支撑着团队精神的灵魂人物。与投机者的取巧性和不负责任完全不同，创业者把创业当做心血，而投机者只是当做一个无利可图时随时抛弃的工具。

10.3 创业不等于创办公司

2016 年，在扎克伯格与马云的对话中，扎克伯格谈到自己对创业对理解：“你要想着解决问题，而不是开公司。这在硅谷是很普遍的问题。很多人在没有想到解决什么样的问题之前就开了公司，在我看来这是很疯狂的。”由此可以看出在扎克伯格的观点中，创办公司并不等于创业。而今天，我们同样要提醒大家：创业并不等于创办企业。

首先，创业在含义上具有广义和狭义之分。广义上的创业，是指人们从事有关创新事业的生产生活活动，主要体现为主体在能动性的社会实践中所体现的一种特定的精神、能力和行为方式。而狭义上的创业即指主体自己开办公司，进行生产经营活动。而现在大多数创业者的观点里，创业还停留在狭义的层面上。而在创业风潮下，大学生创业人群的比例每年都在增长，2015 年上海创业者中，大学生所占的比例已达到 12%。而在一份对于上海大学生的采访中，有创业意向的大学生中想要创办自己公司的人数高达 42%，但令人遗憾的是大学生创业三年内，就会有超一半的人群退出。大学生还未踏足社会，创业意味着人生选择和道路的改变，是否需要创办自己的公司，更加需要客观理性的分析，三思而后行。

在当今大众创业，万众创新的浪潮下，有创业意向的人数逐渐增多，但是创新创业并非开办一家企业就可以解决问题，一家企业的创办诚然会为社会提供更多的就业岗位创造更多的社会价值，但同时也承担了超出常人的社会责任。创办企业不仅需要资金的支持，还需要创业者拥有运营策划、组织管理等多方面能力和社会经验，一个企业的成功与失败不仅对于企业的创办者自己，对于公司成员都有着不可忽略的影响。因此在是否需要创办企业的决定上需谨慎考虑。

其实，想创业首先需要正确地认识创业，仅仅停留在创办公司的层面上是狭隘的。在广义的创业上来说，加入一个创业团体或初创公司也是进行创业之路的优秀选择之一，通过在优秀的创业团体中积累经验，发挥自己的作用，同样是创业者实现自我价值的手段。

10.4 互联网是你最好的合作伙伴

互联网是由一些使用公用语言互相通信的计算机连接而成的网络，即广域网、局域网及单机按照一定的通讯协议组成的国际计算机网络。之所以说互联网是你最好的合作伙伴，主要是因为现今中国的经济发展依托于互联网，经济的虚拟化，例如电商的发展。

互联网作为最好的合作伙伴，主要有以下几个特点。

（1）易于收集信息，资源的共享。根据中国互联网络信息中心发布的《第34次中国互联网络发展状况统计报告》显示，截止至2014年6月，我国网民规模达6.32亿，较2013年低增加1442万人。互联网的普及率为46.9%，提升了1.1个百分点。随着网民数量的增多，网络购物平台的发展，消费者的消费偏好信息获取的途径比以前更多，信息更加准确。例如淘宝对于客户信息的收集，通过用户经常浏览的商品来判断顾客需求取向，进行相应的商品信息推送，提升客户满意度，展现其人性化的设计。

（2）易于平等交流。在以往的销售方式之中，顾客往往是接受的一方，企业在对自己的产品进行营销的时候，往往是难以得到反馈的。而随着互联网的发展，消费者能够通过多种方式表达自己的看法，说出对于产品的优势劣势甚至是对于该产品的期待，而企业能够从这些建议之中获取有利的信息，使得原来信息交流不平等的局限性被打破。企业的产品会更加的符合消费者的需求，消费者也会对于产品更加的满意。

（3）易于进行多种营销。企业在之前的营销方式往往是单一的，但是在互联网发展之后，无论是从宣传方式还是购物方式上，都有了很大的不同。例如现在微信公众号的不断发展，越来越多的企业愿意花钱让软文写手来宣传自己的产品，吸引顾客的注意力，从而使顾客做出购买的行为。

（4）成本更加低廉。无论是从原来的纸质问卷改成现在的电子问卷，还是实体店到网店的转换，无一不体现着互联网的发展对于企业以及现有经济的影响。正是由于现在信息变得越来越重要，而获取信息需要付出的成本在不断地减少，对于企业的发展来说是一件好事。对于原来开实体店的个体户来说，网店的兴起为其提供了更为低廉的买卖平台，减少了开店的成本。无论从哪个方面，新型购物模式的改变以及互联网的飞速发展都为企业带来了很多的益处。

对于企业来说，互联网提供了更为便捷的收集信息的方式，同时拓展营销渠道，使得企业产品更好的进行营销，其企业文化也得到了一定的宣传。并不是只有电商才需要互联网，随着网民的不断增多，企业的发展不断的壮大，互联网将会成为最好的合作伙伴，为创造企业财富贡献力量。

10.5 哪里有梦想，哪里就值得尝试

马斯诺需求理论曾经指出，当人们的需求满足到一定层次的时候，我们需要通过自我实现来满足自己的内心需求。自我实现是马斯诺需求层次理论中最高层次的需求，它指的是个人理想、抱负的实现，个人能力发挥到最大化，使自己变成自己崇拜的所期待成为的人。总而言之，人会在实现梦想的过程中不断的得到满足和快乐。

2015 年早已悄然远去，回望这一整年，创业在社会中掀起波浪，不断地将创业者推上浪尖，将就业者转化为创业者。同时我们可以看到，随着互联网逐渐的普及，电子商务作为一门学科广泛的传播以及应用，创业人群也不断的年轻化。比起原来一色的中年人群体来说，我们看到了更多的商业精英是 30 岁左右的年轻人。在大众创业这种大势所趋的情况之下，部分的大学生也从原来的毕业即失业，毕业即就业之中抽身出来，投身到了创业的洪流之中，期待一展拳脚。

然而，在真正面临着创业大关的时候，由于前期资本以及经验的不足，大部分想要创业的大学生在现实面前低下了头，被创业的种种困难吓退了脚步，开始变得动摇，打起了退堂鼓，无法坚定自己的信念与目标。而现在的你需要知道的是，哪里有梦想，哪里就值得尝试。

梦想还是要有的，万一实现了呢？设立梦想的初衷是为了实现，怎么能轻易地放弃呢？如果梦想的设立不是为了实现，那只能算是幻想而已。而梦想与目标的不同之处又在于目标很近，而梦想很远。创业是艰苦的旅途，既然是为了走到终点，哪怕梦想很远，也要首先迈出第一步。

迈出第一步就意味着，一场拉锯战的开始。根据自己的实际情况以及现有资源，制定相应的创业计划并且寻找合适的创业伙伴是必不可少的。如何打好这场战争以及如何赢得胜利都是我们需要考虑的问题，除非在迫不得已需要止损的情况之下，退出永远都不是我们应该考虑的问题。

周星驰曾经在他的电影中说过一句话：“人如果没有梦想，那和咸鱼又有什么区别？”曾经在各个底层行业奔波的星爷如今有多部好口碑的电影傍身，谁会预料到曾经跑龙套的那个看起来平平无奇的人会演出自己独特的喜剧？又有谁能“周星驰”这个名字也变成电影圈的品牌效应呢？每个人都会有自己的梦想，也许是不切实际的想法，但是有梦想就值得去挖掘，没有不值得一提的梦

想。哪里有梦想，哪里就值得尝试。

坚定了自己的创业信心以后，反观现在创业的大环境。由于互联网的不断发展导致的信息技术变革、人们生活水平提高所导致的消费水平提升，只要能明确企业的方向，坚定目标并且能够合理的使用资源，谁说创业这个梦想不能成真呢？

梦想都是值得尝试的，都是应该去尝试的，这样才能让梦想变为现实，这样才不会辜负曾经的自己。很多人有过梦，但是失去了面对自己梦想走下去的勇气，他们并不是失败了，而是还没有开始，就被自己的懦弱和胆怯磨损了心志。

朝着梦想勇敢地迈出一步，不实践的梦想永远只是一个梦想罢了。梦想的实现也许很困难，但是没有哪一个梦想微不足道，每一个梦想都是值得去尝试，每一段抵达梦想的旅程都是值得呐喊的。

10.6 好的创意，是成功的开端

所谓创业，指的是在前人的基础上不断地开拓新路的过程，而好的创意就相当于在开拓新路的时候，选择了一个好的开始。

创意，即创造性的想法及构思，也是一种思维方式，新的想法创造出新的产品和服务，找到新的商机。创意代表着要打破固有的思维，跳出原有的条条框框，构建出新事物新思想，所谓不破不立。

如果把创业比作是挖井，那么选择一个好的创意就是选择挖井的地址这一过程。井挖的多深固然要依靠后期的努力以及团队的协作，但是能不能挖到水，还得选择合适的地点，一个团队能不能最后获得利润，就要看它有没有一个好的创意，并将这个创意真正的展开。

那么什么是好的创意？

创意的核心是策略，关键是利益。一个成功的好的创意，绝对不是镜中水月，而是能够有具体实践步骤的点子。好的创意是能够进行延伸与拓展的，例如各大珠宝品牌的系列产品，好的创意以及好的创业项目应当以策略为核心，懂得如何在后续的发展之中不断的保存创业项目的鲜活性，并且应对市场需求快速地做出相应的调整。定下策略之后，就应该考虑一个创业项目成立的关键——利益。天下熙熙，皆为利来，天下攘攘，皆为利往。没有足够的资金就不能扩大公司的规模进一步的发展，在下一次市场变动时无法做出相应的转变，最终只能惨淡收场，更有甚者，连员工的工资都无法付清。想清楚一个创意应该如何盈利，运用怎样的商业模式，满足策略好且收益高这两个条件的创业项目才能在现在风云变幻的市场里占得一席之地。

独特。抄袭就是一种灾难。企业获取利益的方式有两种：成本优势以及产品差异化。公司想要选择降低成本主要有掌握新的原材料来源以及降低必要生产时间两种方式，创业公司可以根据自己所拥有的耗材有关的资源以及拥有的独特技术来提高自己的竞争力。除了能够大量的降低生产成本提高工作效率的情况以外，大部分创业公司主要会以产品差异化来作为获得利益的主要途径，在这种情况之下，创业公司就应该以创意的独特性作为其衡量的标准，并且应当在确定其为一个好的创意之后就争分夺秒的实施，才能抢占到市场先机。

冲击。首先应该明确三个概念：需要、欲望、需求。需要是指人们某种不足或者短缺的感觉，是促使人们产生购买行为的原始动机，例如人的生存需要。一件商品仅仅满足人的需要是不足以让消费者心甘情愿的支付价格。欲望指的是建立在不同的社会经济、文化、个性等基础之上的需要，对于消费者而言，欲望比需求更具有特性。而需求则是以购买力为基础的欲望，小轿车能使人人产生欲望，但是只有具有支付能力的人才能够称之为需求。所以一个好的创意，仅仅满足人们的需要是不够的，还需要在一定程度上给消费者冲击，契合人们独特性，使人产生强烈的共鸣——“这就是我一直在寻找的东西，不买我一定会后悔”，并且在定价应该多做斟酌。

10.7 先定一个小目标

在2016年的上半年，一张关于万达公司王健林先生的截图火遍了社交媒体，截图来源于《鲁豫有约》中一段对于王健林的单独采访，在访谈环节，王健林先生耐心的教导年轻人说：“有自己的目标，比如想做首富是对的，奋斗的方向，但是最好先定一个小目标，比方说，我先挣他一个亿，你看看能用几年挣到一个亿。你是规划五年还是三年。到了以后，下一个目标，我再奔十亿，一百亿。”

不难看出，制定目标对于创业来说十分的重要，需要遵循以下的原则：

目标应该明确。目标和梦想不同，梦想的范围比目标更大，也比目标更加的不切实际，更加的模糊。在实现最终目的之前，目标指导着人们的行为，明确的目标有利于人们找到合适的发展方向并且做出适当的反应，并且在偏离轨道之前及时地做出调整，也有利于做出更加精确的判断。

以现实出发但要高于现实。制定目标不能空空而谈，而是要基于现实情况。盲目地追求不切实际的目标会增重企业负担，甚至会让企业在一定的时间内陷入盲目的发展当中。企业应当基于现在的规模以及现有的技术、条件、人才等等制定出有一定发展空间的计划。

设置目标期限。在设置目标的过程中，期限是十分重要的。正如王健林所说，你要看看实现一亿的小目标需要三年还是五年。时间期限能够给人一种紧迫感，而不至于三天打鱼两天晒网。同时，目标达成期限还能用来评估绩效，检验企业近期发展情况，有助于对于市场做出合理的规划以及调整。

与最终目标相契合。在目标制定的过程当中，现定目标应该为最终目标所服务，虽然会由于市场或者自身原因进行一定的修改，但是最终目标通常是不会轻易更改的，这不仅有利于企业长期的发展，更有利于近期内企业的发展不会走歪路。

定好一个小目标之后，企业就可以动用资源尽力谋发展了。

10.8 具有双赢思维

有一名叫做哈姆的年轻的西班牙人，伴随着移民的热潮，他来到了美国，想要通过自己制作糕点的手艺，在美国闯出一番事业。但是天不遂人愿，哈姆的生意一直没有任何起色。直到 1904 年的夏天，哈姆得知美国要举办世博会，于是便把自己做薄饼的工具搬到了世博会的场地，可是他的薄饼在世博会上依旧毫无反响，反而旁边制作冰淇淋的摊位生意红火，转眼间就没了盛放冰淇淋的碟子。乐于助人的哈姆见状，就把自己的薄饼卷成锥形，让他盛放冰淇淋，卖冰淇淋的商贩见哈姆生意不太好出于善心，便买了哈姆的薄饼，大量的锥形冰淇淋便源源不断地送入顾客口中。令哈姆没想到的是，这种锥形冰淇淋被评为了此次世界博览会上“最受欢迎的产品”。

从此，这种锥形冰淇淋开始迅速传播，广为流行，并逐步演变成今天的蛋卷冰淇淋。当年不经意间的合作，成就了一百年来风靡世界的美味食品！

美国商界有句名言：“如果你不能战胜对手，就加入到他们中间去。”现代竞争，不再是“你死我活”，而是更高层次的竞争与合作，现代企业追求的不再是“单赢”，而是“双赢”和“多赢”。社会上的资源都是有限的，如果把市场比作一个蛋糕，那么怎么样抢夺市场指的就是怎样分蛋糕，而具有双赢思维的企业家则会想办法拓宽市场，即用有限的材料将市场这块蛋糕做到最大。

哈姆成功的原因正是在于他乐于帮助别人，与他人合作，而不是一心想着销售自己的薄饼，如何胜过对手。创业者在创业的进程中，正是需要这样的思维与顿悟。双赢思维是基于互敬、寻求互惠的精神，意味着合作。对于个人而言，建立良好的双赢沟通思维，逐渐养成在任何沟通的场合之下，都能自如地进行换位思考，有意识的运用双赢沟通思维进行有效沟通的习惯，就能达到事半功倍的效果。在很多时候，创业者希望得到企业利润最大化，一味地追求赢。在竞争市场中这显然无可厚非，但是不可取的是创业者们在竞争之中忽略了合作，伤害了相关方的利益，这样损人利己的利益又能获得多久呢？企业的发展不应该仅仅只看眼前的利益，而是应该将眼光放得长久一些，在竞争中寻求合作，实现双赢。一个企业想要长期的存活就需要以双赢思维为指导，站在企业、合作方甚至顾客的角度去判断，考虑双方的共同利益，实现双赢。

对于企业内部而言，人们越来越强调建立学习型企业，越来越强调团队合作精神，双赢思维成为企业人力资源管理的新理念。竞争不再是企业内部唯一可以用来提高工作效率的方法，寻求合作不仅能提高效率，甚至能缓解员工之间的紧张气氛，而融洽的工作环境也是员工工作认真的原因之一。要做到企业内部人力资源中的双赢要做到以下三点：

（1）企业内部的双赢，先从双向选择开始。企业在和公司员工进行所持各自标准的权衡一致后，确定出一套“人尽其才，入职匹配”的公司定岗形式。

（2）人力资源管理模式的开发，以双赢思维为指导标准。在对员工进行培训时，多听取员工的建议，选择出满足企业与员工共同需求的内容会使培训产生良好的效果。

（3）双赢思维也可运用到对员工职业生涯的规划上。为企业职员制定合适的生涯规划，激励员工成长，达到企业共同促进，双赢双收。

对于企业来说，双赢指的是企业和员工之间实现双方利益均衡，找到他们之间的利益支点。例如在加班和涨薪之间，企业需要员工无偿加班，员工需要企业无偿涨薪，怎样权衡取舍决定了企业员工的工作热情甚至离职率。怎样换位思考，怎样运用双赢思维是一个优秀的领导者必须掌握的技能之一。

公众的成功并非压倒别人，而是追求对各方面都有利的结果。经由互相合作，互相交流，使独立难成的事得以实现。双赢不是一种个人技巧，而是一种人际交往思维模式。

【案例分享】

一个创业者的自述

寒冷的冬季有些漫长，这个城市被逐渐蔓延的雾霾侵袭，人们戴上口罩，白色、蓝色、粉色，在拥堵的道路上茫然奔走，脚步的更迭都是快如疾风，为了房贷、车贷，更为了不知名的存在感，难道这就是众神的黄昏？

明天又是情人节，老套的吃喝玩乐，再加上买买买，我摇头苦笑。小女 70 后，生活学习在北京，热衷旅行、美食和漂亮衣服、鞋帽、包，喜欢去别致的地方喝茶看书，不是文人，只是科大经管院 没有取得博士学位的俗人，比起那文采出众的大家，我更喜欢自由随性的有感而发，随笔记录下生活的点点滴滴，偶尔思考和感慨一下下。

回到家里，老公神秘的凑过来："老婆，情人节有何打算？""能有何打算？俗人、俗事、俗套路呗！""看看，我就知道你脚又不沾地了，深呼吸，告诉你我的打算，明天我开车拉着你，沿着古丝绸之路走一遭，顺便走走玄奘西行路线，让你这个佛教徒实践一下西行求法的真谛，如何？"

我无语了，唯有泪流满面，这就是爱情吧！每逢年底，总会生出无限感伤，无论这一年是风生水起，还是兵败麦城，回头看看，似乎都没有值得欣喜或庆幸的，因为所有的收获和成绩都难很快被清零了，待来年重新计算，又是一番博弈厮杀，有赌未为输。

北京！无数人朝拜的都城，在这里，却又有着无数个最从容的借口逃离，工作生活被物欲牵着走，有背景，有能力的塔尖部落，受过良好教育的中产社群，更多的底层民众都有说不清的迷茫，纠结和焦躁，拥堵了世界各地景区，买笑了，韩国、日本，终究没有一个人逃的出江湖吗？

2009 年的情人节，是一个刻骨铭心的日子，老公拉着我从北京出发，过郑州经西安，过了甘肃时，高涨的情绪才平静下来。我们探讨起玄奘法师，"理虽顿悟，事需渐修""真理要靠实践来论证""世间万般苦，唯有般若智慧的舍弃方可化解"……感悟着法师的行踪，走走停停，来到吐鲁番，昔日的高昌古城、高昌郡，有点让我们激动，城市不大，建筑几乎没有高层，我们游历了各个景区，高昌故城让我印象深刻，2300 年了，那些曾经辉煌的繁华都风化成最古老的剪影，在夕阳的余晖中，我走进历史的深处，吐鲁番西域历史最全面的体现，历史、文化、政治、经济都曾是 36 国中首屈一指的，全世界唯一的四种文化共存之地。

晚上有网友相邀请吃饭，席间大家建议有块土地出售，不知我们有兴趣买下，一路上的感悟在当下起了决定性的作用，当即决定，买下来！买了地是当做不动产升值！还是自己耕种？老公感慨不决，我做的决定--种树。种葡萄树，这里曾是葡萄东进华夏的发源地，全世界著名的葡萄产区，有着3000年的种植历史，如果要说新疆最知名的城市，那一定是吐鲁番，吐鲁番的葡萄和葡萄干曾被援疆上一代带往全国各地，市场认知度最高，说干就干，办完土地手续，我们就进驻了。

广漠而辽阔的土地上，只有我们俩十指相扣，爱，都是对的！从北京突围来到这里，空旷的土地让我们满腔热忱，唯有创造才能摆脱平淡！亲人朋友的不解留待日后再平息吧！

忙碌的耕种很快就开始了，土地平整，开沟，购买树苗，组织当地维吾尔族村民来帮工，都是老公一人承担，我每天只需打扫庭院，烧水泡茶，准备三餐，恍惚间穿越到古代，简单而充实。

1000多亩的土地种植劳动量和投资都很大，好在有爱，我们相扶相持，都坚持住了，4月8号，又是一个铭记的日子，我怀孕了，天啊！感谢啊！在北京忙碌的婚后，无论我们怎么努力都没有结果，来到吐鲁番不过两个月，我竟然怀孕了，命运真是垂青勤劳的人啊！春日的阳光灿烂，空气清新让人忘却了所有的烦恼，我每天都去地里转转，途中就不停地和肚子里的宝宝说话，告诉他爸爸每天都在做那些工作，妈妈走的几号地，天气如何，葡萄苗的长势如何……

欣喜的心情在7月5日戛然而止，疆内的暴乱把一切美好全部打破，当地维吾尔族工人罢工不干了，1000多亩地葡萄苗因灌溉不及时全部枯萎了，我和老公不忍让家人挂念，回到北京，好在有新生命的到来，新的期待平息了一切。

2010年的春天，我们带着新生百天的儿子又来到吐鲁番，开始了新一轮的耕种。经验和效率都有了提高，春耕结束的第二天，1000亩的葡萄苗全部种植完成，曾经有隔阂的维吾尔族老乡又回来了，他们无比耿直的说："张老板，去年我们笑话你是"勺子"，放着北京那么好的城市不住，非要跑到我们穷困的戈壁滩种树，脑子一定"勺"掉了，你们大城市的人吃不了这儿的苦，看看跑了吧！"嘲笑归嘲笑，厚道的老乡又和我们一起劳动一起生活，又一抹青翠的绿色在地平线浮起。4月23日百年不遇的风魔来了，14级飓风铺天盖地，飞沙走石，房屋都要被掀翻，从窗户灌进房间的沙土有一米多深，我们抱着孩子一夜未眠，恐惧差点撕碎了我，如果房子刮翻了，我孩子怎么办，唯有祈祷让我不至发疯，祈祷了整整一夜，天明时分，风停了。费了很大的劲才把门打开，满目疮痍满，那引以为傲的绿色完全被抹去，刚刚发芽的幼苗都不知所踪，平整过的土地上到处都是 2 米的巨坑，自然灾害毁灭的不仅是财富和成果，更能让人绝望到骨子里，我抱着孩子坐在地上，嚎啕大哭，生命里只剩下悲愤！

时光是最好的药剂，她能抚平所有的伤痛，泪哭干了，日子还得照过，儿子明亮的大眼睛给了我们新的勇气和担当，第 3 遍土地平整，耕种在 5 月 20 日之前，把所有的苗木种植完毕，生命的奇迹又一次点亮了希望，接连几场罕见的雨水把苗木滋养的生机盎然，葡萄园种成了，付出代价有些大。结出的葡萄要卖出去，回收成本，由于吐鲁番特殊的地理区域，运程过长，物流成本过高，当地的果农都把葡萄采摘进凉房制干，3000 多年来，从未改变过的古老工艺，才可成就出举世的单品“葡萄干”。

2012 年的 6 月 8 日，枣尔康农业科技成立，“高昌贡”问世这可能是吐鲁番地区从事葡萄干产业学历最高的两口子，文化和信仰帮助我们战胜恐惧，克服困难，选择坚持做最好的产品，终于零售泰斗百草味注意到了我们，给予了充分的支持和帮助，枣尔康和团队建设完成吐鲁番最高标准，最具代表性的庄园厂房和冷库。截止 2016 年底营收 6400 万。

创业的路上，甘苦自知，什么都无法代替内心最真实的感受，唯有百草味与我们相识相知，给予认可和信任，吐鲁番地区有超过 30 万亩的葡萄种植地，近 20 万。各族同胞以葡萄和葡萄干为生，百草味的青睐，将会是吐鲁番葡萄产业的重大机遇，超过 100 亿的产业将会惠及全地区更多各族同胞，让吐鲁番地区的民族团结之花更加鲜艳。

枣尔康和团队定当励精图治，严格遵循绿色种植，绿色生产，高标准、严要求，认真执行百草味制定的产品标准，不负所托。

清晨的葡萄园像一片宁静的海，偶尔几声鸟鸣，把我的思绪拉扯进一首歌里：“你说起那条回家的路，路上有开满鲜花的树，秋天里风吹果儿轻舞，阳光会碎落成一片湖，陌生的城市让我想哭，有谁的爱情又被辜负，能不能把未来看清楚，随着流星的方向可不可以找到幸福，”风轻轻地把思绪拉回现实，凝望这绿如大海的葡萄园，那鲜活的绿色和串串硕果就是我希冀的幸福。

有时想让自己放松一下，拿起一颗葡萄干，在它身上能感受到生命的妩媚和灵性，细细的咀嚼，静静的品味，一遍又一遍，疲惫慢慢地消逝。

我们是否还需要一场旅行？拥抱大自然，体会阳光的温存？再然后？还是要回来，面对这个我们无从摆脱的城市，而所有的繁华与拥挤，都不如吃一包葡萄干，它带给你大自然和阳光的问候，那些失去的、忘却的甜美，那些穿越了数个春秋轮回的情怀和执著，都凝结在这一颗颗果干里，吃了我们的葡萄干，能否品味出另一种别样的人生？

刘荣华——吐鲁番枣尔康农业科技开发有限责任公司